당신에게 숨겨져 있는
긍정적인 힘을 찾아내시길 바라면서……

_____ 님께 드립니다.

巨松 단상록 2

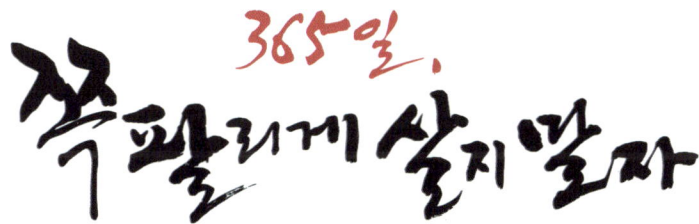
365일,
쪽팔리게 살지 말자

박해양 지음

**추천의 글**

　책의 저자는 울산에서 중견기업을 운영하고 있는 사업가입니다. 그러나 사업은 그저 부업이라고 생각하게 할 정도로, 높은 철학적 사유 능력과 섬세함을 감지하는 시인의 언어를 지니고 있습니다.
　그는 울산에서 시인의 눈과 마음과 언어를 갈망하는 사람들의 모임에서 독특한 '말의 힘'을 발휘함으로써 구성원들을 하나로 만들어갑니다. 낮은 차원의 감각은 사람들을 분리시키지만, 깊은 지성의 개념과 감성의 직관이라는 언어는 사람들을 하나로 묶어냅니다. 그는 이러한 정신적 능력과 지성적 재산을 갖고 있습니다.
　이번에 출간되는 이 책 "365일, 쪽팔리게 살지 말자"는 그 오아시스 공동체에서 들려주었던 자신의 깊은 체험적 메시지를 간결하고 압축된 형식으로 재현하고 있습니다. 이른바 '아포리즘(Aphorism)의 해양海洋'이라고 말한다 해도 과언이 아닙니다.
　이 책에 담긴 아포리즘들은 예컨대 각 요일의 배후에 숨어 있는 미묘한 의미를 탈은폐 하기도 하고, 어떤 설화가 역사 속에서 미처 말하지 못한 것을 말을 걸어오기도 하고, 세계와 삶에 대한 진리를 압축된 문장으로 함축해내기도 하며, 따뜻한 상징 언어를 통해 긍정의 마음과 사랑의 태도를 전달하기도 합니다.
　책을 진정으로 깊이 음미하면 할수록, 저자가 심층적 직관과 예리한 개념을 통해 전달하고자 하는 이야기에 빠져들지 않을 수 없습니다.

저자가 여기 아포리즘을 통해 우리에게 때로는 소리치면서, 때로는 속삭이면서 말하고 싶은 것은 무엇일까?

인간과 삶과 세계 사이의 포괄적인 연관관계에 대해 깊이 사유하라는 것이 아닐까?

그리고 이 책이 궁극의 목표로 삼는 것은 무엇일까?

아마도 '사랑의 실천'이라고 말해야 할 것입니다. 우리는 증오와 부정과 불만과 불안에서 벗어나야 합니다. 우리의 삶을 긍정하는 동시에 모든 것을 사랑한다면, 이 세계는 이제 더 이상 기계 부품처럼 불행한 세계로 표상되지 않을 것입니다.

이 책이 은유적으로 말하고 있는 것처럼, 천국은 따로 저편에 있거나 내세에 있는 것이 아닙니다. 우리가 사랑을 실천한다면, 천국의 언어를 사용한다면, 천국은 바로 지금 여기에 펼쳐지게 될 것입니다. 저자의 이러한 체험적 메시지를 마음속 깊이 수용하게 된다면, 맹목적인 욕망으로 가득 찬 우리의 삶 중간에 위안과 위로를 주는 '행복'의 순간을 잠시나마 맞이하게 될 것입니다.

2020년 12월 1일

울산대 철학과 교수 이 상 엽

## 권두언

저는 작가(作家)가 아니라 잡놈 할 때 쓰는 섞일 잡(雜)자를 써서 잡가(雜家)입니다.
잡가가 한마디 드리고 싶은 말은,
"인생 쪽팔리게 살지 말고 넉넉한 마음으로 살자"는 것입니다.
넉넉하게 살기 위해서는 먼저 겸손(謙遜)을 배워야 합니다.
겸손 뒤에는 참된 행복(幸福)이 깃들어 있기에 우리는 겸손을 주고 행복을 얻는 것입니다.

넉넉한 마음을 가진 사람은 모든 것에서 배움을 얻고자 하며,
넉넉한 마음을 가진 사람은 자기 자신을 억제(抑制)할 줄 알며,
넉넉한 마음을 가진 사람은 자기가 가진 것에 만족(滿足)할 줄 아는 사람입니다.
심장 뛰는 일을 제쳐두고 돈을 벌어 소비하기 위해 일하는 인생(人生), 자신이 원하는 삶이 무엇인지 모르는 인생(人生).
오직 부(富)와 명예(名譽)와 권력(權力)이, 이 세상에서 최고(最高)라고 생각하는 인생(人生).
이런 인생이 쪽팔리게 사는 인생입니다.

  청탁(請託)도 무조건 배척할 것이 아니라. 청탁에도 청청(靑請)과 탁청(濁請)이 있습니다.
  청청(靑請)은 받아들이고 탁청(濁請)은 물리쳐야 합니다.
  청청까지 멀리 한다는 것은 가난한 마음입니다.
  가난한 마음은 병(病)입니다.
  스스로 배울 생각이 없다는 것입니다.
  하지만 넉넉한 마음은 천지만물(天地萬物) 중 스승이 아닌 것이 없습니다.
  천지만물을 스승으로 섬길 때 행복은 늘 우리의 동반자가 될 것입니다.

2020년 12월 1일
박 해 양

# 차례

월요일 • 13
화요일(火曜日) • 14
수요일(水曜日) • 15
목요일(木曜日) • 16
금요일(金曜日) • 17
토요일(土曜日) • 18
일요일(日曜日) • 19
월지운계(月地雲階) • 20
화도(化導) • 21
수고자백(手高者白) • 22
목욕재계(沐浴齋戒) • 23
금잠(金簪) • 24
토모(土毛) • 25
일람불망(一覽不忘) • 26
월라마 • 27
화취(和娶) • 28
수목참천(樹木參天) • 29
목양견(牧羊犬) • 30
금의(金衣) • 31
토머스 칼라일 • 32

일념포한(一念抱恨) • 33
월모(月姆) • 34
화소(畫素) • 35
수산복해(壽山福海) • 36
목소리 • 37
금성천리(金城千里) • 38
토리노 박물관 • 39
일일지구부지외호
　(一日之狗不知畏虎) • 40
월홍(月虹) • 41
화륜(火輪) • 42
수시변통(隨時變通) • 43

목편(木片) • 44
금문(金門) • 45
토머스 처치야드 • 46
일자반급(一資半級) • 47
월조(越調) • 48
화표학귀(華表鶴歸) • 49
수미이취(數米而炊) • 50
목종승정(木從繩正) • 51

금등(金燈) • 52
토사연맥(兎絲燕麥) • 53
일수차천(一手遮天) • 54
월환(月環) • 55
화열(和悅) • 56
수가(隨駕) • 57
목극등산(木屐登山) • 58
금사화의(金絲華衣) • 59
토머스 퓰러 • 60
일미지언(溢美之言) • 61
월백색(月白色) • 62
화초직거(花草職居) • 63
수임방원기(水任方圓器)
　• 64
목성(目成) • 65
금의주행(金衣晝行) • 66
토산량문(吐山良門) • 67
일엽장목(一葉障目) • 68
월별(月鼈) • 69
화호난화골지인미지심(畫
　虎難畫骨知人未知心) • 70
수미상접(首尾相接) • 71

목극토(木克土) • 72
금은주옥(金銀珠玉) • 73
토산주(兎山紬) • 74
일양내복(一陽來復) • 75
월전(月殿) • 76
화락연불소(花落憐不掃)
• 77
수도이실로(守道而失路)
• 78
목용(目容) • 79
금물(禁物) • 80
토문(討問) • 81
일도할단(一刀割斷) • 82
월각차(月角差) • 83
화기애애(和氣靄靄) • 84
수습인심(收拾人心) • 85
목영심장(目營心匠) • 86
금강전도(金剛全圖) • 87
토홍(土紅) • 88
일언가파(一言可破) • 89
월지적구(刖趾適屨) • 90
화도(火刀) • 91

수시처변(隨時處變) • 92
목측(目測) • 93
금성철벽(金城鐵壁) • 94
토계모자(土階茅茨) • 95
일허일영(一虛一盈) • 96
월견폐설(越犬吠雪) • 97
화엄세상(華嚴世上) • 98
수호지(水滸志) • 99
목련장(木蓮杖) • 100
금석(今夕) • 101
토신제(土神祭) • 102

일불현형(一不現形) • 103
월명야(月明夜) • 104
화협(和協) • 105
수화불통(水火不通) • 106
목조(穆祖) • 107
금비라(金毘羅) • 108
토육(土肉) • 109
일난풍화(日暖風和) • 110
월진승선(越津乘船) • 111

화차(火車) • 112
수천일벽(水天一碧) • 113
목백일홍(木百日紅) • 114
금의공자(金衣公子) • 115
토인(土人) • 116
일반지은(一飯之恩) • 117
월학(月學) • 118
화도(火度) • 119
수도회(修道會) • 120
목독(目讀) • 121
금화벌초(禁火伐草) • 122
토가언여설(吐佳言如屑)
• 123
일락서산(日落西山) • 124
월령체(月令體) • 125
화중군자(花中君子) • 126
수행(修行) • 127
목흔흔이향영
(木欣欣以向榮) • 128
금고진천(金鼓振天) • 129
토음(土音) • 130
일면지분(一面之分) • 131
월드컵 베이비
(world cup baby) • 132

- 화밀(火蜜) • 133
- 수가(受呵) • 134
- 목수(目數) • 135
- 금일월병(金日月屛) • 136
- 토지사회주의(土地社會主義) • 137
- 일일지장(一日之長) • 138
- 월출산 마애여래 좌상(月出山磨崖如來坐像) • 139
- 화룡대기(火龍大旗) • 140
- 수단(手段) • 141
- 목두채(木頭菜) • 142
- 금세(今世) • 143
- 토리(土履) • 144
- 일편지론(一偏之論) • 145
- 월터 스콧 • 146
- 화륜(花輪) • 147
- 수묵화(水墨畵) • 148
- 목성양치(木性羊齒) • 149
- 금구(禁句) • 150
- 토머스 사즈 • 151
- 일인장락(一忍長樂) • 152
- 월령(月齡) • 153
- 화가여생(禍家餘生) • 154
- 수비의무(守秘義務) • 155
- 목향채(木香菜) • 156
- 금석지언(金石之言) • 157
- 토포(土布) • 158
- 일면지교(一面之交) • 159
- 월면도(月面圖) • 160
- 화괴(花魁) • 161
- 수분수(授分樹) • 162
- 목계가(木鷄歌) • 163

- 금봉채(金鳳釵) • 164
- 토제연(土製硯) • 165
- 일각천금(一刻千金) • 166
- 월이(月伊) • 167
- 화소성미(花笑聲未) • 168
- 수업지사(授業之師) • 169
- 목양신(牧羊神) • 170
- 금시초견(今時初見) • 171
- 토룡제(土龍祭) • 172
- 일심정도 기불성공(一心情到豈不成功) • 173
- 월입(月入) • 174
- 화택(火宅) • 175
- 수석금병(繡席金屛) • 176
- 목본식물(木本植物) • 177
- 금석(今昔) • 178
- 토두(土豆) • 179
- 일석천념(一夕千念) • 180
- 월삼경(月三更) • 181
- 화복동문(禍福同門) • 182
- 수질승가하증(雖嫉僧袈何增) • 183
- 목로(木路) • 184
- 금혁지세(金革之世) • 185
- 토제(土堤) • 186
- 일기가성(一氣呵成) • 187
- 월두(月頭) • 188
- 화향(花香) • 189
- 수인감과(修因感果) • 190
- 목왕(木王) • 191
- 금세과보(今世果報) • 192
- 토청(土廳) • 193

일심삼관(一心三觀) • 194
월섭(越涉) • 195
화초별감(花草別監) • 196
수행(修行) • 197
목탁(木鐸) • 198
금옥관자(金玉貫子) • 199
토기부거(兎起鳧擧) • 200
일호천(一壺天) • 201
월려우필(月麗于畢) • 202
화인악적(禍因惡積) • 203
수선지지(首善之地) • 204
목도(木桃) • 205
금린옥척(錦鱗玉尺) • 206
토저(土猪) • 207
일근천하 무난사
　(一勤天下無難事) • 208
월중도(越中圖) • 209
화청(和請) • 210
수의고고(守義稿稿) • 211
목적론적필연성
　(目的論的必然性) • 212
금색존자(金色尊者) • 213

토포(討捕) • 214
일목장군(一目將軍) • 215
월각(月脚) • 216
화주(化主) • 217
수용(受容) • 218
목친(睦親) • 219
금인헌장(金印憲章) • 220
토습(討襲) • 221
일련탁생(一蓮托生) • 222
월화(月華) • 223
화도(畵道) • 224

수와(守蛙) • 225
목면공(木綿公) • 226
금휘(琴徽) • 227
토력(土力) • 228
일궤십기(一饋十起) • 229
월길(月吉) • 230
화자(火者) • 231
수고(水鼓) • 232
목은집(牧隱集) • 233

금서(禁書) • 234
토가언여설
　(吐佳言如屑) • 235
일심정력(一心精力) • 236
월파(越波) • 237
화풍감우(和風甘雨) • 238
수방취원(隨方就圓) • 239
목이(木異) • 240
금성옥진(金聲玉振) • 241
토맥(土脈) • 242
일백(一白) • 243
월운(月暈) • 244
화합물(化合物) • 245
수녀(須女) • 246
목행(木行) • 247
금석지책(金石之策) • 248
토식(討食) • 249
일지춘심(一枝春心) • 250
월리스 거인 꿀벌 • 251
화약언초(化若偃草) • 252
수득수실(誰得誰失) • 253
목화(木畵) • 254
금도(襟度) • 255

토당귀(土當歸) • 256
일부시종(一部始終) • 257
월천(越川) • 258
화색박두(禍色迫頭) • 259
수염여극(鬚髯女戟) • 260
목사(牧舍) • 261
금옥지중(金玉之重) • 262
토평(討平) • 263
일개서생(一介書生) • 264
월자(月子) • 265
화적(畫籍) • 266
수펑이 대가리 • 267
목축가(牧畜家) • 268
금(金) • 269
토축(土築) • 270
일거양실(一擧兩失) • 271
월경자(越境者) • 272
화안(花案) • 273
수학기(修學期) • 274
목도(目睹) • 275
금옥지세(金玉之世) • 276
토구지지(菟裘之地) • 277

일진회(一進會) • 278
월면(月面) • 279
화학부호(化學符號) • 280
수각류(獸脚類) • 281
목면사(木綿絲) • 282
금독지행(禽犢之行) • 283
토강여유(吐剛茹柔) • 284
일주난지(一株難支) • 285

월봉지전(越俸之典) • 286
화표(華表) • 287
수공평장(垂拱平章) • 288
목계양도(木鷄養到) • 289
금준미(金駿眉) • 290
토죄(討罪) • 291
일심불란(一心不亂) • 292

월래(月來) • 293
화현(和絃) • 294
수와(睡臥) • 295
목용필단구용필지
　(目容必端口容必止) • 296
금생(今生) • 297
토성(土聲) • 298
일경지훈(一經之訓) • 299
월지(月氏) • 300
화자(話者) • 301
수요(需要) • 302
목락비추진(木落悲秋盡)
　• 303
금고(琴高) • 304
토주관(土主官) • 305
일폭십한(一曝十寒) • 306
월려우기(月麗于箕) • 307
화설(話說) • 308
수익성(收益性) • 309
목자(目子) • 310
금반(今般) • 311
토감(土坎) • 312
일어혼전천(一魚混全川)
　• 313
월여(月餘) • 314
화이불창(和而不唱) • 315
수구(守舊) • 316

목사이령(目使頤令) • 317
금어선원(金魚禪院) • 318
토화(吐火) • 319
일일부독서 구중생형극
　(一日不讀書　口中生荊棘)
　• 320
월하감 • 321
화부(花浮) • 322
수미상응(首尾相應) • 323
목락귀본(木落歸本) • 324
금사주(金絲酒) • 325
토황(土黃) • 326
일단사일표음
　(一簞食一瓢飮) • 327
월장도화(越牆桃花) • 328
화이불류(和而不流) • 329
수결(手決) • 330
목경(木鏡) • 331
금어(金魚) • 332
토마스 제퍼슨 • 333
일의(一意) • 334
월도(月島) • 335

화부(華府) • 336
수득(修得) • 337
목락초고 산자척
　(木落草枯山自瘠) • 338
금오(金烏) • 339
토안증(兎眼症) • 340
일고경성(一顧傾城) • 341
월불(月拂) • 342
화이부실(華而不實) • 343
수미상관법(首尾相關法)
　• 344
목시거리(目視距離) • 345
금고(金鼓) • 346

토우(土偶) • 347
일규불통(一竅不通) • 348
월옥(越獄) • 349
화부산사(花浮山祠) • 350
수과(水瓜) • 351
목광여거(目光如炬) • 352
금국정벌론 • 353

토의토론(討議討論) • 354
일의적(一義的) • 355
월력(月曆) • 356
화혼식(花婚式) • 357
수용미학(受容美學) • 358
목식(木食) • 359
금전불시만능적
　(金錢不是萬能的) • 360
토망(土望) • 361
일면(一眠) • 362
월소(月梳) • 363
화이부장(和而不壯) • 364
수성절(壽成節) • 365
목낭청조(睦郎廳調) • 366
금야당준만사운
　(今夜當樽萬事雲) • 367
토습수함(土濕水鹹) • 368
일픈경운 일픈수획 • 369
월불유장문심방
　(月不踰墻問深房) • 370
화창(話唱) • 371
수태고지(受胎告知) • 372
목심(木心) • 373
금적금왕(擒敵擒王) • 374
토아(兎兒) • 375
일별종후기감망
　(一別從後豈堪忘) • 376

xi

# 1 January | 01
## 월요일

♥ **월요일**, 월요일(月曜日)은 한 주(週)의 기준이 되는 날로써 달(月)에서 따왔습니다.

☆ '싼 게 비지떡'이란 말은 옛날 충북 제천의 봉양면과 백운면 사이에 있는 '박달재'의 주막집 주모(酒母)가 하룻밤 묵고 길 떠나는 선비들에게 배고플 때 드시라고 보자기에 '비지떡을 싸준 것'에서 유래(由來)가 되었습니다. 여기에는 배려와 따뜻한 정(精)이 담겨 있었으나 지금은 '하찮은 물건'이란 뜻으로 변하였습니다.

♣ 감사(感謝)는 '소유'의 크기가 아니라, '생각'의 크기이고 '믿음'의 크기입니다.

# January | 02
# 화요일 火曜日

♥ **화요일**, 화요일(火曜日)은 칠정(七政)인 달(月), 해(日), 금성(金星), 목성(木星), 수성(水星), 화성(火星), 토성(土星) 중 화성에서 따와 만든 날입니다.

☆ **산화(散華)의 유래**
부처님에게 꽃을 뿌려 찬양(讚揚)하고 공경(恭敬)하는 행위에서 시작되었지만, 조국을 위해 목숨을 바친다는 뜻으로도 쓰입니다.

🍀 사랑은 미소(媚笑)로 시작하여, 관심(關心)으로 성장하며, 눈물로 끝을 맺습니다.

# 1 January | 03
## 수요일 水曜日

❤️ **수요일**, 수요일(水曜日)은 기독교에서 사순절(四旬節)이 시작되는 첫 날로써, 참회의 의미를 되새기도록 머리에 재를 뿌리는 의식인 재(灰)에서 따왔습니다.

⭐ 욕심(慾心)이 많을수록 불행(不幸)하게 될 확률(確率)이 높아집니다. 욕심이 많으면 웃을 일이 줄어드는 원인(原因)이 되니까요.

🍀 예의(禮儀)와 겸손(謙遜)을 배우려 하지 않는 자는 아무것도 배우지 못합니다.

January | 04

# 목요일 木曜日

❤️ **목요일**, 목요일(木曜日)은 대부(god-father), 우두머리란 뜻으로 외행성 중 가장 밝게 빛나서 우두머리 별로 간주되는 목성의 이름에서 따왔습니다.

⭐ **아니꼽다의 유래**
장(臟)을 뜻하는 '안'과 굽은 것을 뜻하는 '곱다'가 합쳐져 '아니꼽다'의 유래가 되었습니다(더러운 인간들을 보면 속이 뒤틀려 불쾌하고 매스껍다는 뜻입니다).

🍀 사람의 성격(性格)은 그 사람의 수호신(守護神)입니다.
왜?
옷이 사람을 보호하듯, 성격은 그 사람의 마음을 보호하는 '마음 보호막'이니까요.

January | 05

# 금요일 金曜日

❤️ **금요일**, 금요일(金曜日)은 우리나라 오행중 하나인 금(金)에서 탄생했지만, 라틴어권에서는 미와 사랑의 여신 베누스에서 따왔습니다. 금(金)빛나는 행복(幸福)의 샘을 만들어 가는 날입니다.

⭐ 성공한 사람은 '오늘'이라는 손과 '지금'이라는 발을 갖고 있지만, 실패하는 사람은 '내일'이라는 손과 '다음'이라는 발을 가지고 있습니다.

🍀 교만한 마음은 '패망의 선봉장'이고, 거만한 마음은 '실패의 앞잡이'라는 것을 명심합시다.

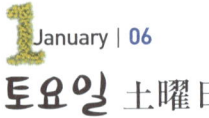
**January | 06**
# 토요일 土曜日

● **토요일**, 토요일(土曜日)은 우리나라에서 5행의 하나인 토(土) 즉 흙에서 따왔습니다.

★ 나를 낮추는 것이 열린 마음의 시작입니다.
나를 낮추고 또 낮춰 평지와 같은 마음이 되면 거기엔 더 이상 울타리도, 벽도, 담장도 없습니다.

♣ 상품과 서비스를 파는 기업은 흥(興)하기도 하고 망(亡)하기도 하지만, '믿음'을 파는 기업은 영원히 '흥(興)'합니다.

# January | 07
## 일요일 日曜日

❤️ **일요일**, 일요일(日曜日)은 태양의 날로써 태양의 신 'sol'의 이름에서 따왔습니다.

⭐ '감쪽같다'의 유래
감은 곶감, 쪽은 한 조각을 말하는데, 곶감 한 조각 정도는 흔적 없이 먹어 치운다는 뜻에서 유래되었습니다.

🍀 고개를 숙이면 절대 부딪치는 법이 없습니다.
사랑하는 연인, 부부 사이도 마찬 가지입니다(고개를 더 숙이십시오).

# 월지운계 月地雲階

❤️ **월요일**, 월지운계(月地雲階)란 달의 땅과 구름계단이라는 뜻으로 하늘나라를 말합니다.

⭐ 어부지리(漁父之利)란 둘이 다투는 사이 엉뚱한 사람이 이익을 본다는 뜻으로, 전국책(戰國策)에 나오는 말로써, 황새와 조개가 싸우고 있는 사이 어부가 쉽게 둘을 다 잡았다는 고사에서 유래되었습니다.

漁夫之利 (어부지리)

🍀 감사는 맑은 마음을 가진 자의 한 송이 꽃이며, 은혜를 아는 자의 아름다운 마음의 열매입니다.

## 화도 化導

♥ **화요일**, 화도(化導)란 덕(德)과 도의(道義)를 가르쳐서 밝은 세상을 만들어 나가는 것을 말합니다.

⭐ 짱이란 말의 유래

최고, 으뜸, 우두머리란 뜻으로 쓰이고 있지만, 이 말은 화투에서 '10'을 장이라 하고, 화투칠 때 '10'이 두 장이면 '장땡'이라고 합니다. 화투 10에서 짱이란 말이 유래되었습니다.

🍀 시련(試鍊)과 실패(失敗)는 쓸모없는 쓰레기가 아니라, 인생이라는 나무에 꼭 필요한 거름이자 퇴비입니다.

# January | 10
## 수고자백 手高者白

♥ 수요일, 수고자백(手高者白)이란 바둑을 둘 때 수가 높은 사람이 흰 바둑돌을 잡는 것을 말합니다.

⭐ 도지사(道知事)할 때 지사(知事)는 불교에서 절의 용무를 맡아 본다는 것에서 유래되었습니다.

🍀 마음을 닦는다는 일은 굴절된 마음, 일그러진 마음, 상실된 인간성을 회복하는 것입니다.

# 목욕재계 沐浴齋戒

January | 11

♥ **목요일**, 목욕재계(沐浴齋戒)란 제사(祭祀)나 신성(神聖)한 일을 할 때 몸과 마음을 깨끗이 씻는 것을 말합니다.

★ 찰나(刹那)란 눈 깜짝할 사이를 말합니다. 1찰나는 75분의 1 즉 0.013초입니다.

♣ 먼저 자신을 불태우지 않고는 남을 불태울 수 없습니다. 정열(情熱)과 열정(熱情)은 뜨거운 불입니다 활화산입니다.

# 1 January | 12
# 금장 金簪

♥ 금요일, 금잠(金簪)이란 금비녀를 말합니다.

⭐ 면목(面目)없다 할 때 면목은 본래 불교에서 나온 용어로, 깨달음의 경지에서 나타나는 마음의 본성, 즉 참 모습을 뜻합니다.

🍀 의심(疑心)은 우리가 자주 빠지기 쉬운 생각의 함정(陷穽)이며 남과 자신을 해치는 근원(根源)입니다.

January | 13

# 토모 土毛

♥ **토요일**, 토모(土毛)란 땅에서 자라는 식물을 말합니다.

⭐ 삶이 허전한 것은 무언가 채워지지 않았기 때문이 아니라 여전히 비우지 않고 있기 때문입니다.

🍀 고난(苦難)과 역경(逆境)은 우리를 더 강하게 만들어 주는 비타민입니다.

# January | 14
# 일람불망 一覽不忘

❤️ **일요일**, 일람불망(一覽不忘)이란 한번 보면 잊지 않는다는 뜻입니다.

⭐ 행복(幸福)을 도둑질하는 인간들에게는 절도죄가 성립하지 않습니다. (저마다 살아가는 방향은 달라도 삶의 궁극적 목적은 행복이기 때문입니다)

🍀 희망(希望)은 조물주가 만든 최고의 명약입니다. 암세포 조차 36계 도망가게 하는 것이 바로 희망이니까요.

# 1 January | 15
# 월라마

❤️ **월요일**, 월라마란 얼룩말을 말합니다. 적다마는 붉은 말, 가라마는 검은 말, 총마는 회색 말, 공골마는 털색이 누렇고 갈기와 꼬리가 흰말을 말합니다.

⭐ 탈무드에 의하면
승자가 즐겨 쓰는 말은 '다시 한 번 해보자'이고, 패자가 즐겨 쓰는 말은 '해봐야 별수 없다'라고 기록하고 있습니다.

🍀 강(强)한 자가 이기는 것이 아니라, 이긴 자가 강한 것입니다.

**January | 16**

# 화취 和娶

♥ **화요일**, 화취(和娶)란 남의 아내와 화통(和通)하여 자기 아내로 삼는 것을 말합니다.

☆ 부처님과 하나님을 사랑한다고 하면서 자기 가족을 사랑하지 않는 사람은 거짓말쟁이입니다.

🍀 겸손(謙遜)은 자신을 발전시키는 가장 안전한 무기입니다.

# 1 January | 17
## 수목참천 樹木參天

❤️ 수요일, 수목참천(樹木參天)이란 수목이 하늘을 찌른다는 뜻으로, 울창한 숲을 말합니다.

⭐ 서울 지하철 7호선 사가정역은 조선전기(朝鮮前期)의 문단(文壇)을 주도한 서거정의 호인 사가정에서 비롯되었습니다.

🍀 밤은 깊을수록 별은 빛나고, 사랑은 깊을수록 믿음이 찾아옵니다.

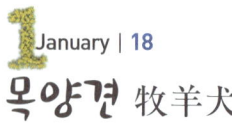
**목양견** 牧羊犬

♥ **목요일**, 목양견(牧羊犬)이란 목장에서 양을 지키는 개를 말합니다.

⭐ 서울 지하철 압구정(狎鷗亭)역은, 조선 세조 때 권신 한명회가 자신의 호를 따서 지은 정자 이름인 압구정에서 따 왔습니다.

🍀 체력(體力)이 강(强)하고 아는 것이 많다고 인생에서 이기는 것이 아니라, 나는 할 수 있다고 생각 하는 사람이 이기는 것입니다.

 January | 19

# 금의 金衣

♥ 금요일, 금의(金衣)란 금빛 나는 옷을 말합니다.

⭐ 서울 지하철 낙성대역(落星垈驛)은 고려시대의 명장 강감찬 장군이 태어난 곳으로, 강감찬 장군이 태어날 때 큰 별이 떨어졌다하여 낙성대라 불리게 되었습니다.

🍀 승자는 행동으로 말을 증명하지만, 패자는 말로써 행동을 변명합니다.

# 토머스 칼라일

❤️ **토요일**, 토머스 칼라일은 "침묵(沈默)은 한 마디 말보다 더 감동(感動)을 준다"고 했습니다.

⭐ 서울 지하철역 충정로역은 일제시대 때 '2천만 동포(同胞)에게'란 유서(遺書)를 남기고 자결(自決)한 순국지사 '민영환'의 시호인 '충정 공'에서 유래되었습니다.

🍀 우리가 살아가는 데 F가 두 개 필요합니다.
- Forget(잊어버리다)
- Forgive(용서하다)

# January | 21
## 일념포한 一念抱恨

❤ **일요일**, 일념포한(一念抱恨)이란 한결같은 마음으로 원한을 품는다는 뜻입니다.

⭐ 무악재역은 도읍을 정할 때 무학 대사의 의견을 수렴하였다고 하여 붙여진 이름입니다.

🍀 월드컵 때의 온 국민이 하나 된 붉은 악마처럼 우리 모두 정치의 붉은 악마, 경제의 붉은 악마, 문화의 붉은 악마가 되어 다시 한 번 대한민국을 일으킵시다.

January | 22
# 월모月姆

❤️ **월요일**, 월모(月姆)란 월궁(月宮)의 여자 스승이란 뜻으로, 뛰어난 여성 학자를 이르는 말입니다.

⭐ 승자는 구름 위에 뜬 태양을 보고, 패자는 구름 속의 비만 본답니다.

🍀 우리에겐 비극(悲劇)은 있어도 절망은 없습니다. 새로운 앞날을 꿈꾸는 의지의 날개가 꺾이지 않는 한 좌절(挫折)이란 있을 수 없으니까요.

# 화소畵素

♥ **화요일**, 화소(畵素)란 텔레비젼이나 사진 전송에서, 화면을 전기적(電氣的)으로 나눈 최소의 단위면적을 말합니다.

⭐ 고래와 새우가 싸우면 새우가 이깁니다.
새우는 깡이고, 고래는 밥이니까요.

🍀 분명히 사랑하는 것과 희미하게 사랑하는 것은 다릅니다.
분명히 사랑하는 것은 아름답지만 희미하게 사랑하는 것은 추(醜)한 계산이 들어가 있습니다.

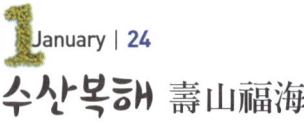

## 수산복해 壽山福海

♥ 수요일, 수산복해(壽山福海)란 산 같은 수명(壽命)과 바다 같은 복(福)이란 뜻으로, 장수(長壽)를 축하하는 말입니다.

⭐ 진정 강(强)해지려면 자신을 낮추고 마음을 여십시오. 자신을 낮추고 마음을 열 때 진정한 강자가 됩니다.

🍀 성공(成功)하고 싶다면 사랑하는 사람을 찾듯이 사랑하는 일을 찾아야 합니다.

# 1 January | 25
## 목소리

❤ **목요일**, 목소리가 높아질수록 뜻은 왜곡(歪曲)됩니다. 낮은 목소리가 힘이 있는 법이니 절대 흥분하지 마십시오.

⭐ 신(神)이 우리에게 준 가장 큰 선물 두 가지는 눈물과 웃음입니다. 눈물에는 치유의 힘이 있고, 웃음에는 건강이 담겨있기 때문입니다.

🍀 우정과 사랑은 영혼(靈魂)의 교감(交感)이자 삶의 동반자(同伴者)입니다.

## 금성천리 金城千里

❤️ **금요일**, 금성천리(金城千里)란 천리 땅 위에 견고한 성이라는 뜻으로, 진시황이 나라의 튼튼함을 자랑한 말입니다.

⭐ 누군가에게 첫눈에 반하기까지는 1분밖에 안 걸리고 누군가에게 호감을 느끼기까지는 1시간 밖에 안 걸리며 누군가를 사랑하게 되기까지는 하루면 충분합니다.
그러나 누군가를 잊는 데는 평생이 걸립니다.

🍀 슬픔도 모으면 힘이 되고, 울음도 삭히면 희망이 됩니다.

# January | 27
# 토리노 박물관

❤️ **토요일**, 토리노 박물관에는, 어느 누구에게나 찾아오지만 아무나 잡을 수 없는 기회(機會)의 신(神)인 제우스의 아들 카이로스 조각상이 서 있습니다.

⭐ **염불이란**
부처님의 공덕이나 모습을 떠올리며 행복해 하는 것이 곧 염불입니다

🍀 연습할 때 땀을 많이 흘릴수록 실전에서 피를 적게 흘립니다.

# 일일지구부지외호 一日之狗不知畏虎

💖 **일요일**, 일일지구부지외호(一日之狗不知畏虎)란 하룻강아지 범 무서운 줄 모른다는 뜻입니다.

⭐ 자존심(自尊心)을 세우고 싶으면 실력을 키워야 하고, 자존심을 오래 지키고 싶으면 겸손을 배워야 합니다.

🍀 권력(權力)은 손에 칼을 쥔 것과 같습니다. 잘 못 사용하면 자신도 베일 수 있으니까요.

# 1 January | 29
# 월홍 月虹

❤ **월요일**, 월홍(月虹)이란 달빛으로 보이는 밤 무지개를 말합니다.

⭐ 영어 알파벳의 어원은 우리말에서 파생되었습니다. 어원(1)
- bath(목욕)의 어원은 벗다에서 나왔으며
- barley(보리)의 어원은 보리에서 나왔으며
- ballet(발레)의 어원은 발랄하다에서 나왔으며
- all right(좋아, 훌륭히)의 어원은 옳다에서 나왔습니다.

🍀 행복(幸福)과 불행(不倖)은 운명(運命)이 아니라 자기 자신이 만들어낸 마음입니다.

## 화륜 火輪

❤️ **화요일**, 화륜(火輪)이란 태양(太陽)을 달리 일컫는 말입니다.

⭐ **알파벳 어원이 우리말 (2)**
- back(뒤)는 바꾸다의 바꾸와 어원이 같으며
- dung(동물의 배설물)은 똥과 어원이 같으며
- dead(죽은)는 뒈지다와 어원이 같으며
- cut(자르다)는 깨트리다의 깨트와 어원이 같습니다.

🍀 문제 해결 시 승자는 더 좋은 길이 있을 것이라 생각하지만, 패자는 갈수록 태산이라 생각합니다.

January | 31

# 수시변통 隨時變通

❤️ 수요일, 수시변통(隨時變通)이란 그때그때의 형편(形便)에 따라 일을 처리(處理)한다는 뜻입니다.

⭐ 알파벳 어원이 우리말 (3)
- cook(요리하다)은 국물의 국과 어원 같으며
- curb(고삐, 재갈)는 소나 말의 고삐와 어원이 같으며
- be quit(물러나다)는 비켜라와 어원이 같으며
- beverage(새 주둥이)는 배부르지와 어원이 같습니다.

🍀 여자의 마지막 이름

딸! 여보! 엄마! 이렇게 불릴 때는 너무나 따뜻하고 뿌듯하지만, 여자의 마지막 이름 할머니는 왠지 슬퍼지네요.

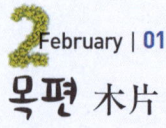
## 목편 木片

❤️ **목요일**, 목편(木片)이란 나무 조각을 말합니다.

⭐ **알파벳 어원이 우리말 (4)**
- yes(예): 예와 어원이 같으며
- too(또, 역시) : 또와 어원이 같으며
- total(전체의) : 통틀어와 어원이 같으며
- give(주다): 기부하다와 어원이 같습니다.

🍀 꿈은 삶의 성장 동력이자 동반자이며, 우리가 가고 싶어 하는 마음의 오아시스입니다.

# 금문 金門

❤️ 금요일, 금문(金門)이란 궁궐(宮闕)의 문을 일컫는 말입니다.

⭐ 알파벳 어원이 우리말 (5)
- sir(선생, 님): 씨(氏)와 어원이 같으며
- shovel(삽): 삽과 어원이 같으며
- seed(종자): 씨와 어원이 같으며
- untrue(거짓의): 엉터리와 어원이 같습니다.

🍀 불행(不幸)은 바퀴벌레와 같아서 하나의 불행이 수백 개의 불행을 몰고 다닙니다.

# 2 February | 03
# 토머스 처치야드

❤️ , 토머스 처치야드는 "날카로운 말은 약과 의사도 치료하기 힘든 상처를 낸다"고 했습니다.

⭐ 알파벳 어원이 우리말 (6)
- medal(메달): 매달다에서
- slow(천천히): 설설(천천히)에서
- sore(쓰라린): 쓰리다에서
- sum(합계): 셈하다에서 셈과 어원이 같습니다.

🍀 날마다 긍정적인 단어를 30개 이상 써보십시오. 그것이 바로 자신(自身)을 위하는 경전(經典)이 됩니다.

# 2 February | 04
# 일자반급 一資半級

❤️ **일요일**, 일자반급(一資半級)이란 보잘것없이 낮은 벼슬을 말합니다.

⭐ 알파벳 어원이 우리말 (7)
- sexy(섹시한): 색시 같이 예쁜에서
- which(어찌): 어찌에서
- we(우리): 우리에서
- wall(벽): 울타리할 때 울과 어원이 같습니다.

※ 이쯤 되면 알파벳의 어원이 확실히 우리말이라는 것이 증명됩니다.

🍀 향기(香氣) 나는 말을 해야 합니다.
　내가 쓰는 말은 내가 하는 기도(祈禱)이니까요.

## 2 February | 05
## 월조 越調

, 월조(越調)란 신라 때 대금, 중금, 소금 음악에 쓰던 곡조를 말합니다.

까치는 동료가 죽으면 사람처럼 장례식(葬禮式)을 치르기 위해 모두가 모이는데 그 중에 상주를 정하여 문상객을 맞이합니다. 그리고 까치는 첫 짝과 평생을 함께 하지만 짝이 사망하면 재혼도 한답니다. (이혼율은 7%로 지역에 따라 차이가 있음) 또한 까치는 노인이 청년을 위해 먹이를 양보함으로써 까치 사회는 '청년실업(靑年失業)'이 없습니다.

실수(失手)하고도 인정받는 기술은 먼저 사과하는 것입니다.

# 2 February | 06
## 화표학귀 華表鶴歸

♥ **화요일**, 화표학귀(華表鶴歸)란 학이 되어 돌아와 화표(華表)에 앉는다는 뜻으로, 인간 세상의 변함을 감탄(感歎)한다는 것입니다.

⭐ **설날 떡국을 먹는 이유**
- 떡국의 색깔이 순백이기 때문에 묵은 마음의 때를 씻어내고 새롭게 시작하라는 뜻이고
- 떡국이 길기 때문에 무병장수하라는 것이며
- 떡국을 썰면 동전 모양을 닮아 부자 되라는 뜻이 담겨있답니다.

🍀 가족(家族)은 사랑의 발원(發源)이자 결코 마르지 않는 행복(幸福)의 샘입니다.

# 수미이취 數米而炊

❤️ **수요일**, 수미이취(數米而炊)란 쌀알을 세어 밥을 짓다는 뜻으로, 몹시 인색함을 말합니다.

⭐ 우리의 명절 '설'이라는 말 속에는 삼가하다, 조심하다는 의미를 가지고 있습니다. 그리고 설날은 일 년 내내 탈 없이 잘 지내기 위하여 행동을 조심하라는 깊은 뜻이 담겨있는 명절입니다.

🍀 나는 떠나도 내 뒤에 나의 인격(人格)은 남아있다는 사실을 잊지 맙시다.

## 목종승정 木從繩正

- ❤️ **목요일**, 목종승정(木從繩正)이란 직언(直言)을 듣고 따르면 모든 일이 순조롭게 잘 풀린다는 뜻입니다.

- ⭐ 별은 밝은 대낮에도 하늘에 떠 있지만, 어둠이 있어야 볼 수 있습니다. 우리 인생도 마찬가지입니다. 고통(苦痛)과 시련(試鍊)이라는 어둠이 있어야만 인생의 별을 바라볼 수 있습니다.

- 🍀 독서(讀書)란 자신의 머리로 생각하는 것이 아니라, 타인(他人)의 머리로 생각하는 것입니다.

# 금등 金燈

● 금요일, 금등(金燈)이란 금빛 나는 등(燈)을 말합니다.

★ 테라사 수녀님의 일화
"굶주림에 지친 아이들이 있는데 빵 좀 기부해 주시면 안될까요?"
빵집 주인, 적선(積善)은 고사하고 "얼른 꺼져 재수없어"라고 고함치면서 테라사 수녀의 얼굴에 침을 뱉었고 테라사 수녀는 그 침을 닦으며 다시 한 번 적선을 부탁하자, 같이 갔던 봉사자(奉仕者)가 울먹이는 목소리로 "수녀님 자존심도 없으세요?"
테라사 수녀님이 하시는 말씀 "나는 빵을 구하러 왔지 자존심(自尊心)을 구하러 온 것이 아닙니다"라는 말을 남겼습니다.

🍀 겸손(謙遜)은 용기(勇氣)와 자신감(自信感)의 또 다른 이름입니다.

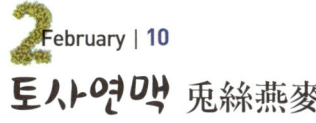

# 토사연맥 兎絲燕麥

❤️ **토요일**, 토사연맥(兎絲燕麥)이란 이름만 그럴듯하고 실속이 없다는 뜻입니다.

⭐ 혈관(血管)이 잘 통해야 몸이 건강하듯, 사회(社會)도 소통(疏通)이 잘 돼야 건강한 사회가 됩니다.

🍀 인간에게 깨지 못 할 장애물(障碍物)이나 불가능은 존재하지 않습니다. 다만 우리 마음속에 장애물과 불가능이 존재할 뿐입니다

# 일수차천 一手遮天

💗 **일요일**, 일수차천(一手遮天)이란 한 사람의 손으로 천하의 사람의 눈을 가린다는 뜻으로, 한 사람이 여러 사람을 속이는 것을 비유한 것입니다.

⭐ 호수에 돌을 던지면 파문이 일듯, 말의 파장은 그 사람의 운명(運命)을 좌우합니다. 말을 할 때는 건성이 아닌 정성으로 하십시오. 정성스런 말은 소망성취의 밑바탕이 되니까요.

🍀 원수(怨讐)에게도 예의(禮儀)를 지켜야 합니다.
만물의 영장이 되고 싶다면.

# 2 February | 12
# 얼환 月環

♥ **월요일**, 월환(月環)이란 달처럼 둥근 고리를 말합니다.

⭐ 꽃이 아름답고 청춘이 아름다운 것은 곧 사라지기 때문입니다. 세상은 노력(努力)하는 만큼 잘 살게 되고, 사랑한 만큼 아름다워지며, 가슴은 여는 만큼 풍족(豊足)해지고, 참는 만큼 성숙(成熟)해집니다.

🍀 성공(成功)하고 싶으면 목숨을 거십시오.

February | 13

# 화열 和悅

❤️ **화요일**, 화열(和悅)이란 마음이 화평(和平)하여 기쁘다는 뜻입니다.

⭐ 출세(出世)의 유래는 출가(出家)하여 불도수행(佛道修行)에 전념한다는 것에서 유래되었습니다. 출(出)자는 뫼 산(山)자가 두 개 겹쳐, 속세를 떠나 산속 깊숙이 들어 간다는 뜻입니다.
하지만 요즘은, 높은 지위에 오르는 것을 출세라고 말합니다.

🍀 희망(希望)과 인내(忍耐)는 모든 어려움의 가장 좋은 치료약입니다.

February | 14
# 수가 隨駕

♥ 수요일, 수가(隨駕)란 임금을 모시고 따라다니는 것을 말합니다.

⭐ 탈무드에 의하면, 인생에 친구가 셋 있다고 했습니다.
첫째는 재산
둘째는 가까운 친척
셋째는 남에게 베푸는 선행이라 하였습니다.
때가 되어 죽음이 임박해 오자 그토록 가깝게 지냈던 첫째, 둘째 친구는 동행을 거부하였고 셋째 친구는 끝까지 동행하여 죽은 뒤에도 함께 했답니다. 바로 선행(善行)이 진정한 친구입니다.

🍀 기적(奇蹟)은 노력의 열매입니다.

**2** February | 15

# 목극등산 木屐登山

❤️ **목요일**, 목극등산(木屐登山)이란 나막신을 신고 산에 오른다는 뜻으로 사물에 구애받지 않음을 말합니다.

⭐ 아메리카 원주민(인디언) 속담
'우리는 지구를 조상으로부터 물려받은 것이 아니라 우리의 자녀들로부터 빌려 쓰고 있는 것이다'라고 하였습니다.

🍀 정치판에 던지고 싶은 한마디
생쥐들 끼리 치열하게 싸워 승리한들 결국 생쥐들 뿐 이라는 것을 어찌 알리

# 2 February | 16
## 금사화의 金絲華衣

♥ 금요일, 금사화의(金絲華衣)란 금실로 무늬를 넣은 비단옷을 말합니다.

★ 할 수가 없었기 때문에 포기(抛棄)한 것이 아니라, 포기했기 때문에 할 수 없었던 것입니다.

🍀 오늘날 인간관계에서 가장 문제시 되는 것은 대화(對話)의 빈곤(貧困)이 아니라, 바르지 못한 대화법 때문입니다.

# 2 February | 17
# 토마스 풀러

❤️ **토요일**, 토마스 풀러는 위대(偉大)한 희망(希望)은 위대한 인물(人物)을 만든다고 했습니다.

⭐ 사랑은 아파 본 사람은 압니다.
사랑은 느껴 본 사람은 압니다.
사랑은 누려 본 사람은 압니다.
사랑은 나눠 본 사람은 압니다.
사랑은 욕심을 버려야 하고, 미움을 떨쳐 버려야 한다는 것을.

🍀 천사(天使)는 자신을 버려 가벼운 존재(存在)가 되었기에 날 수 있고, 악마(惡魔)는 욕심(慾心)으로 인해 제 무게 때문에 추락(墜落)합니다.

# 2 February | 18
# 일미지언 溢美之言

❤️ **일요일**, 일미지언(溢美之言)이란 지나치게 칭찬한다는 뜻입니다.

⭐ 다미안 신부님은 나환자들을 돌보다가 나환자의 고통을 진심으로 느끼기 위해 나병에 걸리게 해달라고 하느님께 간절히 기도했고 결국 스스로 나환자가 되신 분입니다.

🍀 우는 고양이는 쥐를 잡을 수 없습니다.

## 2 February | 19
# 월백색 月白色

❤️ **월요일**, 월백색(月白色)이란 달빛과 같은 흰색을 말합니다.

⭐ 실패(失敗)하는 사람, 게으른 사람, 포기하는 사람의 몸속에는 아주 고약한 벌레가 살고 있습니다. 이 벌레 때문에 꿈과 목표가 실패로 돌아갑니다. 회충, 요충, 십이지장충 같은 벌레는 약으로 잡을 수 있지만 이 벌레는 약으로 잡을 수 없는 무시무시한 벌레입니다.

날마다 우리의 정신(精神)과 영혼(靈魂)을 갉아먹는 이 벌레의 이름은 바로 대충입니다. 대충 생각하고 대충 계획을 세우고 대충 노력하기 때문에 성공하지 못합니다.

대충이란 벌레를 잡는 것은 구체적(具體的)이라는 마음의 에프킬라입니다.

구체적 생각, 구체적 목표, 구체적 계획
구체적 행동과 실천이 바로 성공의 핵심 비결입니다.

🍀 성공(成功)의 반대는 실패(失敗)가 아니라 포기(抛棄)입니다.

# 화초직거 花草職居

♥ **화요일**, 화초직거(花草職居)란 궁중(宮中)에서 꽃을 심고 가꾸는 사람을 말합니다.

⭐ 영국 속담(英國 俗談)
하루가 즐거우려면 이발을 하고 일주일이 즐거우려면 결혼을 하고 일 년이 즐거우려면 집을 사고 평생 즐거우려면 정직(正直)하라 했습니다.

🍀 남과 싸워 승리한 사람은 언젠가는 질 수 있지만, 자신과 싸워 승리한 사람은 영원한 승리자가 됩니다.

♥ 감사합니다. ♥ 고맙습니다. ♥ 사랑합니다.

# 2 February | 21
# 수임방원기 水任方圓器

❤️ 🍀수요일, 수임방원기(水任方圓器)란 물은 그릇의 형태에 따라 모양이 달라진다는 뜻으로, 사람은 사귀는 친구에 따라 달라지므로 좋은 친구를 사귀어야 한다는 것입니다.

⭐ 인생(人生)은 양파와 같아서 한 꺼풀씩 벗기다 보면 눈물이 납니다.

🍀 세상에서 사람을 가장 깊이 다치게 하는 것은 잘못된 칭찬(稱讚)을 그대로 받아들이는 것입니다.

February | 22

# 목성 目成

❤️ **목요일**, 목성(目成)이란 눈짓으로 서로 통하는 것을 말합니다.

⭐ 옛날에는 섣달그믐을 '아치설'이라고 불렀는데, 오랜 세월이 흘러 '아치설'이 음이 비슷한 까치설로 바뀌었고, 옛말 아치는 '작다'라는 뜻이었습니다.

🍀 승리(勝利)가 중요한 것이 아니라 승리를 위한 노력(努力)이 더 중요(重要)한 것입니다.

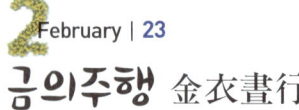

# 금의주행 金衣晝行

● 금요일, 금의주행(金衣晝行)이란 출세(出世)하여 고향으로 돌아간다는 뜻입니다.

⭐ 성공(成功)이란 삶을 위해서는
끈기를 죽마고우로
경험(經驗)을 현명한 스승으로
신중(愼重)함을 큰 형으로
희망(希望)을 수호신으로 섬겨야 합니다.

🍀 기계(機械)는 쉬지 않는 것이 능력(能力)이고, 사람은 쉴 줄 아는 것이 능력입니다.

# 토산량문 吐山良門

❤️ **토요일**, 토산량문(吐山良門)이란 경주에 있었던 신라 왕성(王城)의 4대문 가운데 하나였습니다.

⭐ 공자, 맹자, 순자보다 더 위대한 것은 놀자와 쉬자입니다. 같은 마음과 같은 뜻으로 놀 수 있고 쉴 수 있는 사람을 만나기는 어려우니까요.

🍀 자화자찬(自畵自讚)은, 삶의 아쉬움을 가진 자신에 대한 거짓된 미화(美化)입니다.

**February | 25**

# 일엽장목 一葉障目

❤️ **일요일**, 일엽장목(一葉障目)이란 잎사귀 하나로 눈을 가린다는 뜻으로, 부분만 보다가 본질(本質)을 놓치는 것을 말합니다.

⭐ 사람(人)이 좁고 낮은 문을 들어설(入) 때는 머리를 숙여야 하듯이 낯선 사람의 마음 속에 들어서고자 한다면 역시 머리를 숙여 자신을 낮추어야 합니다.

🍀 희망(希望)과 꿈은 비용(費用)이 들지 않지만, 분노(憤怒)는 돈이 많이 드는 마음의 사치(奢侈)입니다.

February | 26

# 월별 月鼈

- ♥ **월요일**, 월별(月鼈)이란 하늘 위의 달과 물속의 자라라는 뜻으로, 둘의 차이가 매우 큼을 이르는 말입니다.

- ⭐ 절하는 몸처럼 자신을 낮추고
  염불 또는 찬송하는 입처럼 이웃을 칭송하고
  기도하는 마음과 같이 모든 사람을 공경할 때 인생의 짐은 가벼워집니다.

- 🍀 시간(時間)을 화장실의 휴지처럼 마구 써버리는 사람은 실패(失敗)의 선구자(先驅者)가 됩니다.

♥ 감사합니다. ♥ 고맙습니다. ♥ 사랑합니다.

# 화호난화골지인미지심 畵虎難畵骨知人未知心

❤️ **화요일**, 화호난화골지인미지심(畵虎難畵骨知人未知心)이란 호랑이를 그리되 뼈를 그리기 어렵고, 사람을 알되 마음까지 알기는 어렵다는 뜻입니다.

⭐ 희망, 보람, 도전으로 삶을 사는 사람의 인생은 탄력으로 넘치고 절망, 권태, 포기로 삶을 사는 사람의 인생은 주름으로 가득합니다.

🍀 웃으면 대박, 징징대면 쪽박

# 2 February | 28
# 수미상접 首尾相接

❤️ 수요일, 수미상접(首尾相接)이란 서로 끈끈하게 이어져 있다는 뜻입니다.

⭐ 경영(經營)의 천재(天才)이자 일본 최대의 기업인 파나소닉 창업자 마쓰시다 고노스케의 경영 철학은 '회사나 가게를 찾아오는 고객 모두가 신과 같은 존재이니, 두 손을 모으고 절을 하는 심정으로 고객을 모셔야 한다'라고 했습니다.
(그는 초등학교 4학년 중퇴하였지만 직원이 23만명)

🍀 따뜻한 말 한 마디는 그 어떤 열정(熱情)에 찬 서약보다도 위대한 사랑입니다.

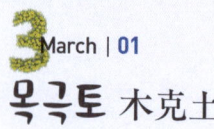

# 목극토 木克土

💗**목요일**, 목극토(木克土)란 오행에 있어서 목(木)은 토(土)를 즉 나무는 흙의 영양분을 섭취하여 흙의 기운을 약하게 한다는 뜻입니다.

⭐ 3.1절 당시
기독교(基督敎)인들은 전 국민의 1.2%였고, 기미독립선언문(己未獨立宣言文) 대표 33인 중 16명이 기독교인 이였으며, 전국 교회는 독립만세운동의 거점지가 되었습니다. 그러나 오늘날 교회는 어떻습니까?

🍀 나무는 흙을 삼키고도 찬란한 꽃을 피우는데 하물며 산해진미(山海珍味)를 다 먹는 인간은 무늬도 없는 똥만 만들어 내는 것은 비우지 못하는 탐욕(貪慾) 때문입니다.

# 3 March | 02
# 금은주옥 金銀珠玉

♥ **금요일**, 금은주옥(金銀珠玉)이란 온갖 귀중한 보물을 말합니다.

⭐ 유대인을 뜻하는 예후디(yehudi)라는 말은 '감사(感謝)하는 마음'이라는 뜻입니다.
그리고 유대인이 지닌 힘의 원천은 바로 감사하는 마음에서 나옵니다.

🍀 인간(人間)에게 수치심(羞恥心)이 없을 때 인간은 짐승이 됩니다.

# 토산주 兎山紬

❤️ **토요일**, 토산주(兎山紬)란 황해도 토산(兎山)에서 나는 명주를 말합니다.

⭐ **아리스토텔레스의 한마디**
질투(嫉妬)는 남이 가진 걸 자신이 갖지 못해 슬퍼하는 것이고, 시기심(猜忌心)은 자기가 갖지 못 한 걸 남이 가지고 있어서 일어나는 슬픔 감정이라 했습니다. 질투의 초점이 본인에게 있다면, 시기심의 초점은 타인에게 있습니다.

🍀 사랑의 어원은, 옛 문헌에 의하면 한자어 사량(思量) 즉 많이 생각하면 사랑하는 마음이 생긴다는 것에서 유래되었습니다.

# March | 04

## 일양내복 一陽來復

❤ **일요일**, 일양내복(一陽來復)이란 동지(冬至)를 고비로 음기(陰氣)가 사라지고, 양기(陽氣)가 다시 온다는 뜻으로, 나쁜 일이 끝나고 좋은 일이 온다는 것입니다.

★ 아무리 내의(內衣)를 입어도 사랑의 내의를 갖춰 입지 않았다면 우리의 마음은 추울 수밖에 없습니다. 사랑의 내의를 갖추어 꽃샘추위를 포근하게 보냅시다.

🍀 누군가의 하루가 궁금해지는 건 어느새 그 사람이 소중해졌기 때문입니다.

❤ 감사합니다. ❤ 고맙습니다. ❤ 사랑합니다.

# 3 March | 05
## 월전 月殿

♥ **월요일**, 월전(月殿)이란 달 속에 있다는 궁전을 뜻하지만 왕비가 사는 곳을 비유적으로 이르는 말입니다.

⭐ 향기(香氣)로운 마음은 남을 위해 기도하는 마음이며, 아름다운 마음은 자기를 아끼지 않는 헌신적인 마음입니다.

🍀 지금 짓는 쾌락(快樂)의 웃음은 내일 흘릴 눈물입니다.

# 3 March | 06
# 화락연불소 花落憐不掃

❤️ **화요일**, 화락연불소(花落憐不掃), 꽃이 떨어지니 가엾어 쓸지 못하고, 월명애무면(月明愛無眠) 달이 밝으니 사랑스러워 잠 못 이뤄 하노라.

⭐ 무진장(無盡藏), 엄청나게 혹은 한없이란 말은 중국에서 유래한 것이 아니라, 인도 불교 용어에서 유래한 것으로 덕(德)이 광대하여 끝이 없다는 뜻입니다.

🍀 한 사람의 말은 그 사람의 또 다른 인격의 얼굴이고, 글은 그 사람의 생각을 보여주는 사상(思想)의 집입니다.

# 수도이실로 守道而失路

❤️ **수요일**, 수도이실로(守道而失路)란 억지로 도(道)를 지키려다 오히려 참된 길을 잃는다는 뜻입니다.

⭐ 괴로움이야말로 인생(人生)입니다.
괴로움이 없고 행복한 날들만 존재한다면 그 행복(幸福) 또한 지겨움이나 괴로움의 다른 이름이 되니까요.

🍀 진정으로 용기 있는 사람만이 겸손할 수 있습니다.
겸손은 자기를 낮추는 것이 아니라 오히려 자기를 세우는 것입니다.

# 3 March | 08
# 목용 目容

● **목요일**, 목용(目容)이란 눈맵시를 말합니다.

★ 봄바람과 여름비는 만물을 성장(成長)하게 하지만, 가을 서리와 겨울의 눈은 만물을 성숙(成熟)하게 합니다.

🍀 당신이 물 쓰듯 쓰는 사소하기 짝이 없는 시간도 먼저 세상을 떠난 사람에게는 간절한 내일입니다.

# 3 March | 09
# 금물 禁物

♥ , 금물(禁物)이란 해서는 안 되는 행동을 말합니다.

⭐ 사과(沙果)는, 모래땅에서 잘 자란다하여 모래 사(沙)에 실과 과(果)를 써서 사과라고 이름 하였습니다. 능금이란 우리말이 그리워집니다.

🍀 현실(現實)에 무관심(無關心) 한 것은 비겁의 또 다른 이름이자, 장래 희망(希望)까지도 말살(抹殺)하는 행위입니다.

# 3 March | 10
## 토문 討問

❤️ **토요일**, 토문(討問)이란 직접 찾아가서 묻는 것을 말합니다.

⭐ 밥을 임금이 잡수면 수라, 양반이 잡수면 진지, 하인이나 종이 먹으면 입시(入屎)라 하였습니다. 입시(入屎)는 똥이란 뜻입니다.

🍀 은사(恩師)라는 말은, 처음 중이 된 후 길러준 스님이라는 뜻의 불교 용어입니다. 그리고 스님을 스승이라고 말한 점을 보면 스승의 어원은 사승(師僧)에서 비롯된 것을 알 수 있습니다.

# 3 March | 11

## 일도할단 一刀割斷

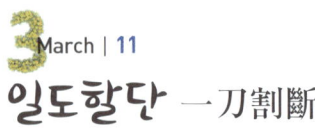, 일도할단(一刀割斷)이란 한 칼로 쳐서 두 동강이를 낸다는 뜻으로, 주저하지 않고 결정(決定)함을 비유한 말입니다.

아우내는 유관순 열사가 독립 만세 운동을 이끌었던 성지입니다. 여기서 아우내는 두 내(川)가 흐른다는 뜻으로, 천안시 동남구 병천면에 있는 잣밭내(栢田川)와 치랏내(葛田川)가 만나는 지역이어서 아우내라 부르며, 병천(竝川)이란 지명은 아우내에 대한 한자식 이름입니다.

독서(讀書)는 총체적인 국력(國力)입니다.

# 3 March | 12
## 월각차 月角差

❤️ **월요일**, 월각차(月角差)란 태양의 인력으로 달의 공전 운동에 나타나는 주기적인 오차를 말합니다.

⭐ 산수갑산(山水甲山)이 아니라 삼수갑산(三水甲山)입니다. 삼수는 우리나라에서 가장 추운 곳으로, 함경남도 북서쪽 압록강 지류를 접하고 있으며, 세 개의 큰 물줄기가 합류한다고 하여 삼수라고 하였습니다. 그리고 갑산은 함경남도 북동쪽 개마고원 중심부에 큰 산이 겹겹이 쌓여 있는 곳입니다. 삼수와 갑산은 험난한 오지이며, 중 죄인을 귀양 보냈던 곳으로 한 번 귀양 가면 살아 돌아오기 힘든 다는 지역 이었습니다.

🍀 미소(微笑)는 빛바래지 않는 영원한 친절(親切)입니다.

# 3 March | 13
## 화기애애 和氣靄靄

, 화기애애(和氣靄靄)란 여럿이 모인 자리에서 부드러운 기운이 넘쳐흐름을 이르는 말입니다.

⊛ 독서(讀書)는 지식과 교양을 습득함으로써 인간의 영혼(靈魂)을 풍요롭게 해주는 마음의 양식이자 지혜(知慧)의 바다입니다.

🍀 돈은 더러운 헝겊 조각에 싼 것일지라도 환영(歡迎) 받지만, 돈의 결핍은 범죄의 뿌리가 됩니다.

# 3 March | 14
# 수습인심 收拾人心

♥ 수요일, 수습인심(收拾人心)이란 어지러운 인심을 수습한다는 뜻입니다.

⭐ 폭군 네로(Nero)가 환생한다는 두려움이 〈요한계시록〉을 낳았으며, 요한 계시록에 사탄 666은 네로를 가리키는 것입니다.

🍀 톨스토이가 말하기를
여자는 화로(火爐) 앞에서 일어서는데도 77번 생각한다고 했습니다.
진짜 헐~이네요.

# 3 March | 15
## 목영심장 目營心匠

❤️ **목요일**, 목영심장(目營心匠)이란 눈으로 보아 생각하고 마음속으로 꾸민다는 뜻으로 자기 스스로 연구하는 것을 말합니다.

⭐ 불교 경전에 의하면 입에서 말이 적으면 어리석음이 지혜(知慧)로 바뀐다고 했습니다.

🍀 부끄러움을 아는 것이 부끄러움이 아니라, 부끄러움을 알면서도 부끄러워하지 않는 것이 부끄러운 일입니다.

# 3 March | 16
# 금강전도 金剛全圖

❤️ **금요일**, 금강전도(金剛全圖)란 조선 후기 화가 겸재 정선이 그린 그림을 말합니다.

⭐ 친구(親舊)를 얻는 방법을 배우기 위해서 굳이 책을 찾아 읽지 않아도 됩니다. 다가가면 꼬리를 흔들면서 다가오고, 어루만져 주면 좋아서 호의(好意)를 보여주는 강아지의 모습을 통해 친구를 얻는 방법을 알 수 있습니다.

🍀 세상(世上)과 사람은 말로 흥(興)하고 말로 망(亡)합니다. (자나 깨나 말조심)

💙 감사합니다. 💙 고맙습니다. 💙 사랑합니다.

March | 17

## 토홍 土紅

● **토요일**, 토홍(土紅)이란 주토(朱土)를 우려서 만든 물감을 말합니다.

⭐ 한새가 황새로 되었답니다. 한은 원래 크다는 의미고 황새(한새)는 새 중에서도 몸집이 크면서도 자태가 아름답고 우아하며, 부부 금실도 좋을 뿐 아니라 새들과도 화합을 중시하는 도덕적인 새라하여 붙여진 이름입니다.

황새는 1994년 과부 황새를 끝으로 우리나라에서 사라졌습니다.

🍀 에세이는 일종의 생각의 지도입니다. 그래서 혼(魂)을 담아 열심히 하는 낙서는 낙서가 아니라 에세이가 됩니다.

# 3 March | 18
# 일언가파 一言可破

❤ **일요일**, 일언가파(一言可破)란 여러 말을 하지 않고 한 마디로 잘라 말해도 바로 판단이 된다는 뜻입니다.

⭐ 정치인들에게
왜?
출마 했느냐고 물으면 종종 국민(國民)이 불러서라고 대답합니다. 문제는 국민은 그들을 부른 적이 없다는 것입니다. 그들이 들은 것은 귀신의 목소리였을까요? 아니면 개(犬)의 짖음일까요?

🍀 목소리 톤이 높아지고, 남의 잘못이 많이 보인다는 것은 아직 내 안에 부셔져야 할 알갱이가 무수히 많다는 것입니다.

# 3 March | 19
# 월지적구 刖趾適屨

, 월지적구(刖趾適屨)란 발꿈치를 잘라 신을 맞춘다는 뜻으로 좋게 하려다 도리어 더 나쁘게 된 것을 말합니다.

⭐ 안성맞춤이란 말의 유래는, 경기도 안성하면, 맞춤 놋그릇으로 유명하다는 것에서 시작되었습니다.

🍀 겸손(謙遜)은 참으로 자신 있는 사람만이 갖출 수 있는 인격의 미덕입니다.

# 3 March | 20
## 화도 火刀

❤️ **화요일**, 화도(火刀)란 부싯돌을 쳐서 불을 일으키는 쇳조각을 말합니다.

⭐ 통신 발달로 인해 소식은 가까워졌지만, 사랑은 멀어진 시대에 우리는 살고 있습니다. 그러다보니 몸은 멀쩡해도 마음은 불구가 되는 시대의 한 가운데에 있습니다.

🍀 인생(人生)의 가치는 더 많은 소유가 아니라 더 깊은 인격(人格)입니다.

# 수시처변 隨時處變

♥ 수요일, 수시처변(隨時處變)이란 그때그때 변(變)하는 것에 따라 일을 처리한다는 뜻입니다.

⭐ 소리에 뜻을 얹으면 말이 되고, 말에 생각을 실으면 이야기가 됩니다.

🍀 성현(聖賢)의 말씀만이 우리를 가르치는 것이 아니라, 보고 듣고 겪는 모든 것이 우리를 가르칩니다.

# 3 March | 22
## 목측 目測

● **목요일**, 목측(目測)이란 눈으로 보아 수량을 어림잡는 것을 말합니다 (눈대중).

⊛ 팔레스타인에는 두개의 바다가 있습니다. 하나는 갈릴리해이고, 하나는 사해입니다. 모두 요르단강에서 흘러 들어가는 물인데 갈릴리해는 물도 맑고 고기도 많으며 아름다운 생명(生命)의 바다이고, 사해(死海)는 더러울 뿐만 아니라 생명체 하나 살지 않는 죽음의 바다입니다. 그 이유는 갈릴리해는 강물을 받으면 받은 만큼 흘러 보내 자신을 비우지만, 사해는 받을 줄만 알지 한 방울의 물도 내어 보내지 않는 욕심의 바다라서 그렇습니다.

♣ 나의 웃는 표정이 곧 행운(幸運)의 얼굴입니다. 내가 웃어야 내 행운도 미소(微笑)를 지으니까요.

March | 23

# 금성철벽 金城鐵壁

❤️ **금요일**, 금성철벽(金城鐵壁)이란 방비가 아주 견고한 성을 말합니다.

⭐ 천안의 호두와 호두과자가 유명해진 이유는 고려시대 유청신이 원나라 사신으로 갔다가 호두나무를 가지고와 천안 광덕산 광덕사에 심은 것이 계기가 되어 유명해졌으며, 일본의 호두는 19세기경 우리나라에서 전파되었습니다.

🍀 누운 나무에는 열매가 맺지 못합니다. 힘차게 일어나 활기찬 봄을 맞이합시다.

# 3 March | 24
## 토계모자 土階茅茨

♥ **토요일**, 토계모자(土階茅茨)란 요(堯)임금의 소박한 거처(居處)를 비유한 말입니다.

⭐ 해봐야 별수 없다는 체념적인 생각은 인생을 좀먹게 하는 곰팡이입니다. 그러나 도전하는 삶은 언제나 아름답습니다.

🍀 유리 거울은 사람의 겉모습만 비추는 형체(形體)의 거울이지만, 술은 사람의 마음까지 비추는 마음의 거울입니다.

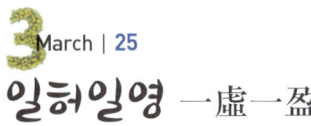
March | 25

# 일허일영 一虛一盈

❤ **일요일**, 일허일영(一虛一盈)이란 있는가 하면 없고, 없는가 하면 있다는 뜻으로, 변화무쌍함을 일컫는 말입니다.

⭐ 사랑이라는 비밀(祕密)의 문은 세상을 아름답게 보는 사람에게만 열립니다.

🍀 인생의 진정한 목적은 무한한 성장(成長)이 아니라 끝없는 성숙(成熟)입니다.

# 3 March | 26
## 월견폐설 越犬吠雪

❤️ **월요일**, 월견폐설(越犬吠雪)이란 중국 월나라는 날씨가 따뜻하여 눈이 내리는 일이 드물었기 때문에 눈을 처음 보는 개들이 두려워한다는 뜻으로, 어리석고 식견이 좁은 사람이 작은 일을 보고도 크게 놀라는 것을 비유한 말입니다.

⭐ 좋은 물을 많이 마셔야 합니다.
논농사도 몸 농사도 물이 풍부해야 풍년이 든다는 사실,

🍀 여자는 자신을 웃긴 남자를 생각하고, 남자는 자신을 울린 여자를 생각합니다.

## 3 March | 27
## 화엄세상 華嚴世上

💗 **화요일**, 화엄세상(華嚴世上)은 온갖 꽃으로 장식한 세상이란 뜻으로, 살기 좋은 세상을 말합니다.

⭐ 헌 집 줄께 새 집 다오만 외치지 마시고
헌 마음을 버리십시오.
헌 마음을 버리면 새 마음이 들어옵니다.

🍀 아무리 깊은 산 속의 적이라도 쉽게 물리 칠 수 있으나, 마음 속의 적은 좀처럼 물리칠 수 없습니다.

# 3 March | 28
## 수호지 水滸志

♥ 수요일, 수호지(水滸志)는 중국의 4대 기서(奇書) 중의 하나로 작가는 시내암입니다. 중국의 4대기서는 나관중의 삼국지연의(三國志演義), 오승은의 서유기(西遊記), 소소생의 금병매(金甁梅)입니다.

⭐ 사랑이 있는 곳에는 반드시 의사소통이 있고, 사랑이 식은 곳에는 반드시 의사소통이 막혀 불통을 이루고 있습니다.

🍀 겸손(謙遜)과 친절(親切)은 나약함과 절망의 징후가 아니라 힘과 결단력의 표현입니다.

# 3 March | 29
## 목련장 木蓮章

♥ **목요일**, 목련장(木蓮章)이란 국민훈장 가운데 넷째 등급의 훈장을 말합니다.

⭐ 코끼리가 우리나라에 처음 들어온 것은 조선 태종(1400년) 원년에 일본이 불교 경전의 총서인 대장경(大藏經)을 얻고자 한 마리를 받친 것이 시초입니다.

🍀 인간(人間)이 신(神)에게 가까이 갈 수 있는 사다리는 행동(行動)의 사다리입니다. 그리고 모든 선행(善行)은 용기(勇氣)의 사다리를 타고 오릅니다.

# 3 March | 30
# 금석 今夕

♥ **금요일**, 금석(今夕)이란 오늘 저녁을 뜻합니다.

⭐ 얼굴을 펴면 인상(人相)이 달라지고, 가슴을 펴면 인물(人物)이 달라지고, 생각을 펴면 인생(人生)이 달라집니다.

🍀 질투는 어떤 기쁨도 주지 않는 유일한 악(惡).

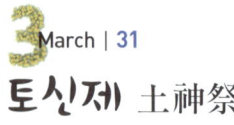

# 토신제 土神祭

❤️ **토요일**, 토신제(土神祭)란 동신제(洞神祭)의 다른 이름입니다.

⭐ 신(神)이 인간을 창조(創造)할 때 흰 눈동자와 검은 눈동자를 동시에 만들어 놓고 세상을 볼 때는 검은 눈동자로만 보게 한 이유는, 어둠을 통하지 않고서는 밝은 세상을 제대로 볼 수 없다는 것을 알리기 위해서입니다.

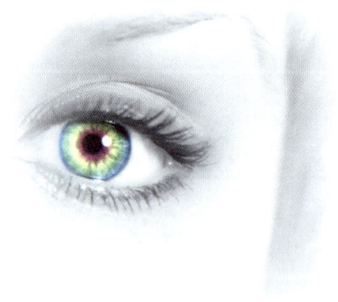

🍀 담금질을 많이 하면 할수록 좋은 칼이 만들어지듯, 인간에게 있어 고통(苦痛)은 좋은 삶이란 칼을 만들기 위한 담금질입니다.

# 일불현형 一不現形

- ♥ **일요일**, 일불현형(一不現形)이란 한 번도 참석하지 않는 것을 말합니다.

- ⭐ 살아가는 데 중요한 것이 세 가지 있습니다.
  첫째는 친절
  둘째도 친절
  셋째 역시 친절.

- ☘ 세상(世上)을 살아 움직이게 하는 것은 진리(眞理)가 아니라 믿음입니다.

 April | 02

# 월명야 月明夜

❤️ **월요일**, 월명야(月明夜)는 달빛이 유난히 밝은 밤을 말합니다.

⭐ 노여움(anger)은, 위험(danger)하다에서 한 글자 〈d〉가 빠진 것으로, 곧 노여움은 위험하다는 뜻입니다.

🍀 분노(憤怒)와 미움을 가지고는 싸움에서 이긴다 해도 진정한 승리가 아닙니다. 그것은 죽은 사람을 상대로 싸움하여 살인한 것과 같으니까요.

# 4 April | 03
# 화협 和協

● **화요일**, 화협(和協)이란 서로 마음을 툭 터놓고 협의하는 것을 말합니다.

★ 전 세계에 퍼져서 봄을 전하는 대표적인 꽃나무 개나리의 원산지는 바로 우리나라입니다. 학명의 종소명은 '코레아나(koreana)' 즉 한국이란 뜻입니다.

🍀 운명(運命)을 정복(征服)할 수 있는 것은 지혜(智慧)이지만, 지혜는 고통(苦痛)을 통해서 태어납니다.

# April | 04
# 수화불통 水火不通

❤️ 수요일, 수화불통(水火不通)이란 물과 불은 서로 통(通)하지 않는다는 뜻으로, 소통이 이루어질 수 없음을 말합니다.

⭐ 꽃이 가장 싫어하는 도시는 '호주의 시드니'

🍀 아름다운 꽃을 피우기 위해서는 시간과 인내만 필요한 것이 아니라 혼을 담은 정성과 노력이 동반되어야 합니다.

# 4 April | 05
# 목조 穆祖

❤️ **목요일**, 목조(穆祖)는 원나라에 귀순한 태조 이성계의 고조부 이안사를 말합니다.

⭐ 염치(廉恥)를 차리다라는 말은 체면과 부끄러움을 아는 마음이라는 뜻으로, 염치가 없으면 얌체가 됩니다.

🍀 짜증을 삼가해야 합니다.
짜증은 사람 체질을 산성으로 만듭니다.
산성 체질은 종합병원입니다.

## 4 April | 06
# 금비라 金毘羅

💖 , 금비라(金毘羅)란 불법(佛法)을 지키는 야차왕(夜叉王)의 우두머리를 말합니다.

⭐ 삶에서 남기지 말아야 할 것과 남겨야 하는 것
- 아쉬움은 남기지 말고, 기쁨은 남겨야 하며
- 과거(過去)는 이미 지나 갔으니, 회한(悔恨)은 남기지 말고 참회(懺悔)는 남겨야 하며
- 자화자찬으로 치적(治績)을 남기려는 것은 영혼의 빈곤을 드러내는 것인 만큼, 치적을 남기려 하지 말고 감사(感謝)를 남겨야 합니다.

🍀 미국(美國)의 사업가 강철왕 카네기는 "승부를 가리는 데 있어 가장 중요한 것은 인내(忍耐)다"라고 했습니다.

# 4 April | 07
# 토육 土肉

💟 , 토육(土肉)이란 해삼(海蔘)의 다른 이름입니다.

⭐ 기쁨은 급행(急行)이지만, 슬픔은 완행(緩行)입니다. 그래서 찬스를 실은 열차는 예고 없이 와서 순식간에 떠나가 버리고, 실패를 실은 열차는 정거장에서 대기하고 있습니다.

🍀 우리를 침몰(沈沒)시키는 것은 사실(fact)이 아니라 감정(感情)입니다.

## 일난풍화 日暖風和

♥ **일요일**, 일난풍화(日暖風和)란 날씨가 따뜻하고 바람이 온화(溫和)한 것을 말합니다.

☆ "너 자신을 알라"는 말은, 소크라테스가 신을 대변하여 인간에게 한 말이고, 이에 인간은 신에게 답변의 인사말로 "당신은 존재한다"라고 하였습니다.

🍀 감사(感謝)는 은혜(恩惠)를 아는 자의 마음의 열매입니다.

# 4 April | 09
# 월진승선 越津乘船

❤️ **월요일**, 월진승선(越津乘船)이란 나루를 건너고 나서 배를 탄다는 뜻으로, 일을 순서대로 하지 않고 거꾸로 처리함을 이르는 말입니다.

⭐ 꽃은 가장 아름다울 때 자신을 버릴 줄 알기 때문에 다시 피어나는 것입니다.

🍀 직장 생활에 문제가 없다는 사람은 갈등이 없다는 것이 아니라 갈등을 해소할 줄 안다는 것입니다.

 April | 10

## 화차 火車

💗 **화요일**, 화차(火車)란 불로 적(敵)을 공격(攻擊)하는 데 쓰던 수레를 말합니다.

⭐ 꽃을 안다는 것은 곧 아름다움을 안다는 것입니다.

🍀 자신이 믿는 종교만 옳다고 가르치는 종교 지도자가 있다면 그들은 오직 돈과 권력에 목적을 둔 사람들이라는 사실을 명심해야 합니다.

# 수천일벽 水天一碧

❤️ **수요일**, 수천일벽(水天一碧)이란 바다 멀리 수면과 하늘이 하나로 이어져 끝없이 푸른 것을 말합니다.

⭐ 바닷물보다 진한 삶이라는 땀방울은 염도 2%의 눈물입니다.

🍀 사람과 사람은 말과 마음 사이에서 만나고 헤어지며 살아갑니다.

April | 12

# 목백일홍 木百日紅

❤️**목요일**, 목백일홍(木百日紅)은 배롱나무를 말합니다.

⭐ 사람을 죽이는 위험한 동물 10가지

(미국 인터넷 신문 비즈니스 인사이드. 연간)

- 10위 악어(700명)
- 9위 촌충(1000명)
- 8위 회충(4500)
- 7위 체체파리(10,000)
- 6위 참노린잿과 흡혈충(12,000)
- 5위 다슬기(20,000, 간디스토마)
- 4위 개(35,000)
- 3위 뱀(100,000)
- 2위 인간(437,000)
- 1위 모기(750,000)

🍀 화가(畫家)에게는 치매(癡呆)가 없습니다. 손으로 창조(創造)의 기쁨을 맛보기 때문입니다.

# 금의공자 金衣公子

● **금요일**, 금의공자(金衣公子)란 꾀꼬리를 비유한 말입니다.

⭐ 낙타의 긴 속눈썹에는 지평선(地平線)이 걸립니다. 그래서 낙타가 지나가면 그리운 냄새가 난답니다.

🍀 아름다운 외모는 눈을 기쁘게 하지만, 내면의 미덕(美德)은 영혼을 사로잡습니다.

# 토인 土人

❤️ **토요일**, 토인(土人)이란 원시적(原始的) 생활을 하는 미개인을 말합니다.

⭐ 모나리자의 뜻

모나리자의 모는 이탈리아어로 유부녀에 대한 경칭이며, '리자'는 피렌체의 부호 조콘다 백작의 부인 이름입니다. 그리고 모나리자 초상화에 눈썹이 없는 이유는, 당시 넓은 이마가 미인의 전형으로 여겨져, 이마를 넓히기 위해 눈썹을 모두 뽑아버렸기 때문입니다.

🍀 식당 주인이 가장 좋아하는 가수는_추가열

 April | 15

# 일반지은 一飯之恩

❤️ **일요일**, 일반지은(一飯之恩)이란 조그마한 은혜도 잊지 않고 보답한다는 뜻입니다.

⭐ 사람은 다 같은 사람이지만 바람보다 가벼운 사람이 있고 태산보다 무거운 사람도 있습니다. 가볍고 무겁다는 건 마음의 무게이고, 마음의 무게는 말(言)과 행동(行動)의 표출(表出)입니다.

🍀 좋은 집을 지으려 하기보다는 좋은 가정(家庭)을 만들어야 합니다.

# 4 April | 16
# 월학 月學

, 월학(月學)은 달을 연구하는 천문학(天文學)을 말합니다.

⊛ 소금 전쟁
1930년 4월 인도 카티아워 해변에서 일어났던 간디의 소금행진은 영국 정부가 소금에 세금을 매기자 이에 대한 저항 운동으로 시작하여 나중엔 인도 해방운동으로 확산되었습니다.

🍀 행복(幸福)하게 살고 싶다면 대단한 사람보다는 좋은 사람, 따뜻한 사람, 그리운 사람이 되도록 노력해야 합니다.

# April | 17
## 화도 火度

, 화도(火度)란 도자기(陶瓷器)를 굽는 온도(溫度)를 말합니다.

장 도미니크 보비는 프랑스의 세계적인 여성잡지 엘르(Elle)의 편집국장으로서, 프랑스 사교계를 주름잡았던 그가 1995년 12월 8일(43세) 뇌졸중으로 쓰러져 전신마비의 불구자가 되었습니다. 오직 움직일 수 있는 것은 왼쪽 눈꺼풀 뿐, 눈 깜박임 신호로 알파벳을  연결하여 대필자(代筆者)를 통해 쓴 책이 〈잠수종과 나비〉입니다.

― 책 내용 중 심금을 울리는 한마디 ―
"고이다 못해 흘러내리는 침을 삼킬 수만 있다면 세상에서 가장 행복한 사람일 것이다. 그리고 불평(不平)과 원망(怨望)은 행복에 겨운 자(者)의 사치스런 신음이다."

걱정의 숲에 자신을 가두는 것이 곧 지옥(地獄)입니다.

# 4 April | 18
# 수도회 修道會

♥ , 수도회(修道會)란 카톨릭교에 속하는 수도원의 조직적 단체를 말합니다.

✪ 모든 행복은 남을 먼저 생각하는 이타심(利他心)에서 오고, 모든 괴로움은 자기만 생각하는 이기심(利己心)에서 옵니다.

🍀 입과 혀보다는 손과 발이 정직(正直)하고, 손과 발보다는 피와 땀이 정직합니다.

# 목독 目讀

❤ **목요일**, 목독(目讀)이란 소리를 내지 않고 눈으로 글을 읽는 것을 말합니다.

⭐ 사랑은 연민(憐憫)과 희생과 복종(服從)이 아니라 존중(尊重)과 존경(尊敬)을 밑바탕으로 대등한 위치에서 이루어져야 합니다. 강요하고 수탈하는 것은 사랑이 아니라 사랑의 식민지배입니다.

🍀 평화(平和)란
밥을 고루 나누어 먹는다는 뜻입니다. 그래서 평화(平和)는 가족이란 말에서 나온 것입니다.

### 4 April | 20
# 금화벌초 禁火伐草

❤️ , 금화벌초(禁火伐草)란 조상의 무덤을 잘 보살피는 것을 말합니다.

⭐ 1977년 김정룡 박사가 세계 최초 B형 간염 백신을 개발 하였지만, 우리나라 보건사회부에서는 인증 기준이 없다는 이유로 인증을 해주지 않아 결국 1981년 미국과 프랑스에서 B형 간염 백신을 개발하여 상용화 한 후 그 기준에 맞추어 인증해 주었다는 코메디 같은 이 이야기는 당시 공무원들의 무사안일(無事安逸)의 극치(極致)를 보여준 사건입니다.

이 사건은 자신의 기준을 외부에 의존하는 기준의 수행자일 뿐, 자신이 주인 되는 기준의 생산자(生産者)이기를 포기한 것이라 할 수 있습니다.

🍀 지나친 사랑의 열정(熱情)은 누군가에게 독(毒)이 될 수도 있습니다.

### 4 April | 21
# 토가언여설 吐佳言如屑

♥ **토요일**, 토가언여설(吐佳言如屑)이란 말이 거침없이 나오는 것을, 나무를 켤 때에 톱밥이 나오는 것에 비유한 것입니다.

⭐ 영국의 천교도 신학자 메튜 헨리는 감사(感謝)라는 보석을 지닌 사람은 누더기 옷을 걸치고 있어도 행복(幸福)하다고 했습니다.

🍀 하늘이 무너져도 걱정하지 마십시오. 하늘이 무너질 걱정은 하늘의 몫이지 사람의 몫이 아닙니다.

### April | 22
# 일락서산 日落西山

❤️ , 일락서산(日落西山)이란 해가 서산에 진다는 뜻으로, 나이가 많아 죽음이 다가옴을 비유한 것입니다.

⭐ 말(言)이 당신의 입 안에서 맴돌고 있을 때는 그 말은 당신의 노예(奴隷)이지만, 일단 밖으로 튀어 나오는 순간 당신의 주인(主人)이 됩니다.

🍀 삶이 괴롭다는 것은 답이 없는 것이 아니라 내가 아직 덜 성숙(成熟)하다는 것입니다.

# 4 April | 23
## 월령체 月令體

💗 , 월령체(月令體)란 한 해 열두 달의 순서에 따라 구성된 형식의 노래를 말합니다.

⭐ 식물(植物)도 사랑을 주면 잘 자랍니다. 우리도 서로 사랑하면서 살아야 합니다.

🍀 범사(凡事)에도 감사(感謝)하라는 성경말씀은 좋은 일에만 감사할 것이 아니라, 궂은 일, 불행한 일, 슬픈 일에도 감사하라는 뜻입니다.

# April | 24
# 화중군자 花中君子

❤️ **화요일**, 화중군자(花中君子)란 꽃 중의 군자란 뜻으로, 연꽃을 말합니다.

⭐ 조용필의 '못 찾겠다 꾀꼬리' 노래와 경봉스님
1980년도 가왕 조용필 씨가 대마초 사건으로 위안을 얻고자 통도사 극락암의 경봉스님을 찾아갔을 때
경봉 스님 왈
"자네는 뭐하는 사람이고" "노래하는 가수입니다."
"그럼 내 앞에서 노래 한 번 해 봐라"
구성지게 노래를 부르자, 경봉스님 왈
"고놈 참 노래 잘 한데에, 네 안에 꾀꼬리가 들어있구나.
네 안에서 노래하는 꾀꼬리의 참 주인이 누구인지 찾아 보거라"
네 안에서 노래하는 꾀꼬리의 참 주인을 찾으라는 경봉스님의 말을 듣고 조용필은 말문이 막혀 산길을 내려오는 길목에서 '못 찾겠다 꾀꼬리'라는 노래 가사가 오도송(悟道頌)처럼 터져 나왔고, 이렇게 해서 '못 찾겠다 꾀꼬리'라는 노래가 세상에 탄생하게 되었습니다.
— 오도송(悟道頌)이란 고승(高僧)이 부처의 도를 깨닫고 지은 시가(詩歌)

🍀 질투(嫉妬)는 사랑의 자매(姉妹)입니다. 악마(惡魔)가 천사의 형제(兄弟)인 것처럼.

# 4 April | 25
## 수행 修行

❤️ 수요일, 수행(修行)은 안으론 가난을 배우고, 밖으론 모든 사람을 공경하는 마음입니다.

⭐ 눈을 감으면 아무것도 볼 수 없습니다. 하지만 오히려 눈을 감아야 잘 보이는 것이 있습니다. 바로 그리운 사람입니다.

🍀 우리나라에서는 코미디언들이 발붙일 곳이 없습니다.
왜?
정치인(政治人)들보다 더 웃길 자신이 없으니까요.

April | 26

# 목흔흔이향영 木欣欣以向榮

♥ **목요일**, 목흔흔이향영(木欣欣以向榮)이란 따뜻한 봄을 맞이하여 나무들이 기쁜 듯이 뻗어나 무성해지는 것을 말합니다.

★ 소는 뒤에서 붙잡아야 하고, 기회(機會)는 앞에서 붙잡아야 합니다. 기회를 앞에서 잡아야 하는 이유는 기회의 뒤에는 잡을 꼬리가 없기 때문입니다.

🍀 칭찬(稱讚)은 네가 내가 되고, 내가 네가 되어 모두 하나가 됩니다.

# 4 April | 27
## 금고진천 金鼓振天

♥ **금요일**, 금고진천(金鼓振天)이란 전쟁터의 종소리와 북소리가 하늘을 뒤흔든다는 뜻으로, 격렬한 격전(激戰)을 말합니다.

☆ 서양 속담 한 마디,
한 방울의 꿀은 수많은 벌을 끌어 모으지만, 1만 톤의 가시는 단 한 마리의 벌도 모을 수 없다고 했습니다. 가시 돋친 말보다는 따뜻한 말 한 마디가 수많은 사람들에게 희망을 준다는 뜻입니다.

🍀 음주(飮酒)보다 더 무식한 것은 과식(過食)입니다.

# 4 April | 28
# 토음 土音

, 토음(土音)이란 사투리의 다른 말입니다

- 얼짱 : 밝은 표정과 환한 미소를 잃지 않는 사람
- 몸짱 : 자신감 넘치고 당당한 자세를 지닌 사람
- 배짱 : 실패를 두려워하지 않고 열정과 도전 정신을 실천하는 사람
- 맘짱 : 남에게 잘 배려하고, 겸손하고, 이해심 많고, 솔선수범 하는 사람
- 말짱 : 긍정적인 말, 적극적인 말, 따뜻한 말을 잘 하는 사람
- 일짱 : 자기의 분야에서 최고가 되려고 노력하는 사람
- 꿈짱 : 꿈이 크고 가치 있는 비젼을 가진 사람.

🍀 영혼(靈魂)은 사는 곳에 있는 것이 아니라, 사랑하는 곳에 있습니다.

April | 29

# 일면지분 一面之分

♥ **일요일**, 일면지분(一面之分)이란 한 번 정도 만나 인사를 나눈 친분을 말합니다.

⭐ 나무아미타불(南無阿彌陀佛) 관세음보살(觀世音菩薩)이란, 나무와 아미타불의 두 단어를 합친 것인데, 나무아미타불은 극락세계를 담당하는 아미타 부처님께 귀의한다는 것이고, 관세음보살은 괴로움을 없애주고 행복하게 살게 해 주십시오 라는 뜻입니다.

🍀 잠을 자는 것은 일어나기 위함이며, 휴식하는 것은 일하기 위함입니다.

#  April | 30
# 월드컵 베이비 world cup baby

● **월요일**, 월드컵 베이비 world cup baby 란 2002년 한·일 월드컵 때 생긴 아이를 말합니다.

⊛ 열 받으면 눈에 병이 옵니다.
왜?
눈에 뵈는 것이 없으니까요.

🍀 돈, 권력, 직위는 건강(健康)을 잃으면 쓰레기에 불과합니다. 건강 할 때 있는 돈은 재산이지만, 건강을 잃은 뒤에 있는 돈은 유산(遺産)이니 건강할 때 많이 베푸십시오.

# 5 May | 01
# 화밀 火蜜

❤️ **화요일**, 화밀(火蜜)이란 생청을 떠내고 불에 끓여 짜 낸 찌꺼기 꿀을 말합니다.

⭐ 하느님이나 부처님께 지나치게 질문을 하지 마십시오.
성가시게 물으면,
하느님이나 부처님은 이렇게 대답할 것입니다.
"그렇게 알고 싶으면 천국이나 극락으로 오라고",

🍀 한 겹의 거짓말은 거짓말이고, 두 겹의 거짓말도 거짓말이며, 세 겹의 거짓말은 정치(政治)입니다. 헐~

# 5 May | 02
## 수가 受呵

♥ , 수가(受呵)란 꾸지람을 듣는다는 뜻입니다.

⭐ 전기(電氣)는 전기 줄을 타고 흐르고,
　수도(水道)물은 수도관을 타고 흐르며,
　실력(實力)은 꾸준한 노력을 타고 옵니다.

🍀 기분 좋게 져주면 운(運)이 따라오지만, 옳고 그름을 지나치게 따지면 운이 달아납니다.

# 5 May | 03
## 목수 目數

❤️ **목요일**, 목수(目數)란 눈으로 어림잡아 수(數)를 셈하는 것을 말합니다.

⭐ 학문(學文)은,
특별한 것이 아닙니다.
어버이가 되어서는 자애(慈愛)롭고
자식이 되어서는 효도(孝道)하고
공무원이 되어서는 국민에게 헌신(獻身)하고
형제간에는 우애(友愛)가 있고
젊은이는 어른을 공경(恭敬)하고
친구 간에는 믿음을 실천하는 것이 최고의 학문입니다.

🍀 스치면 인연(因緣)이 되고, 스며들면 사랑이 됩니다.

# 5 May | 04
## 금일월병 金日月屛

❤️ **금요일**, 금일월병(金日月屛)이란 금물로 해와 달을 그린 병풍을 임금이 앉는 자리에 쳤던 것을 말합니다.

⭐ 신용(信用)은 인생(人生)에서 목숨 다음으로 중요(重要)한 것이며 모든 가치(價値)의 기본(基本)입니다. 신용이 그 사람의 힘입니다.

🍀 행동과 자세는 마음의 광고판(廣告板)입니다. 행동과 자세는 그 사람의 생활이고 삶입니다.
살아온 모습을 그대로 보여주기 때문입니다.

# 5 May | 05
# 토지사회주의 土地社會主義

❤ **토요일**, 토지사회주의(土地社會主義)란 사회주의적 성격을 띤 토지개혁론을 말합니다.

✪ 국민가수의 호칭은 2차 세계대전 후 샹송가수 에디트 피아프에게 프랑스 국민들이 부쳐 주었던 것이 세계 최초입니다.

🍀 개미에게 불알 물렸다는 속담이 있습니다. 이것은 하잘것없는 상대에게 피해를 입었다는 뜻입니다.

# 5 May | 06
## 일일지장 一日之長

♥ **일요일**, 일일지장(一日之長)이란 하루 먼저 세상에 태어났다는 뜻으로, 연령이 조금 위가 되는 것을 말합니다.

⭐ 3천원짜리 옷의 가치는 영수증이 증명해 주고, 3천만원짜리 자가용은 수표가 증명해 주며, 3억짜리 집은 집문서가 증명해 주는데, 사람의 가치는 무엇으로 증명해 줍니까?
바로 건강입니다.
건강(健康)에 들인 돈은 계산기로 두드리지 마십시오. 건강해야 사랑도 있고, 꿈도 있고, 희망도 있으니까요.

🍀 허둥지둥 거리며 살지 마십시오.
허둥지둥 거리면 운(運)도 허둥지둥 도망갑니다.

#  May | 07
# 월출산 마애여래 좌상 月出山磨崖如來坐像

❤️ **월요일**, 월출산 마애여래 좌상(月出山磨崖如來坐像)은 전라남도 영암군 영암읍 회문리에 있는 마애불로, 국보 제144호입니다.

⭐ 퇴계 이황 왈(曰)
책 읽는 사람이 많으면 부자 되는 사람이 많다고 했습니다.
이 말을 곧 독서가 국력이란 뜻입니다.

🍀 일을 성공적(成功的)으로 해내는 데 필요한 것은 두뇌나 능력이 아니라 인내심(忍耐心)입니다.

# 5 May | 08
## 화룡대기 火龍大旗

, 화룡대기(火龍大旗)란 임금이 거동(擧動)할 때 누런 바탕의 용틀임과 구름이 그려져 있는 큰 기를 말합니다.

부처님 탄신일(誕辰日)을 음력 4월 8일을 기준으로 하는 나라는 한국과 중국뿐입니다. 일본은 1873년부터 양력 4월 8일, 대만은 양력 5월 둘째 주 일요일로 정하고 있다고 하니 이것이 바로 문화의 차이겠지요.

부처님이나 예수님은 우리의 탐욕(貪慾)을 채워주는 도구(道具)가 아닙니다. 그러니 부처님이나 예수님 앞에 자신과 가족을 위해 기도하지 마십시오. 이웃을 위해 기도하십시오.

# 5 May | 09
## 수단 手段

❤️ **수요일**, 수단(手段)이란 일을 처리하는 능력이나 솜씨를 말합니다.

⭐ 실패(失敗)는 성공의 어머니가 아니라, 내실 있는 실패가 진정한 성공의 어머니입니다.

🍀 우리의 입이 바로 우리의 생각의 그릇이고, 인격(人格)입니다.

# 5 May | 10
## 목두채 木頭菜

❤️ **목요일**, 목두채(木頭菜)란 두릅나무의 어린순을 약간 삶아서 무친 반찬(飯饌)을 말합니다.

⭐ 사람이 죽어서 소나 돼지 그리고 사람으로 다시 태어나는 것이 윤회(輪迴)가 아니라, 자신의 마음으로 인해 즐거움과 괴로움이 반복되는 것이 윤회입니다.

🍀 희망(希望)이란?
어떤 일이 잘 되기를 바라는 마음이 아니라, 어떤 일이 잘 될 것이라 믿는 마음입니다.

# 5 May | 11
# 금세 今世

♥ **금요일**, 금세(今世)란 지금의 세상 즉 이승을 말합니다.

⭐ 모수자천(毛遂自薦)이란 고사성어는 중국 춘추 전국시대 조나라 평원군의 식객이었던 모수가 평원군이 초나라에 동맹을 청하러 갈 때 자기도 끼워 달라고 적극적으로 자신을 추천하자, 이에 평원군이 모수에게, 낭중지추(囊中之錐) 즉 사람의 능력은 주머니 속에 든 송곳과 같아서 자연히 드러난다고 하자 모수는 "그러니 이제라도 주머니에 좀 넣어 주십시오."라고 하였습니다. 초나라에 따라간 모수가 큰 공을 세웠고, 이로 인해 '모수자천'이라는 고사성어가 탄생하게 되었습니다.

🍀 혀는 그 사람의 생각이자 마음의 붓입니다.

# 5 May | 12
# 토리 土履

 **토요일**, 토리(土履)란 신라 고분(古墳)에서 출토된 흙으로 구워 만든 신발을 말합니다.

⭐ 이미자의 동백아가씨는 서울의 대학생에게 버림받은 섬 처녀의 애절한 사랑을 모티브로 한 노래입니다.

헤일 수 없는 수많은 밤을/
내 가슴 도려내는 아픔에 겨워/
얼마나 울었던가 동백아씨/
그리움에 지쳐서 울다 지쳐/
빨갛게 멍이든 가슴.

이 노래는 1964년 당시 3,000장 팔리면 대박이던 시절에 국내 음반 판매량 최초 10만장을 돌파했습니다. 빽판(해적판)의 어원이 된 동백아가씨의 열풍은 대한해협의 높은 파도를 넘어 일본까지 건너갔습니다.

🍀 밝음은 어둠을 이기는 법입니다.
밝은 얼굴은 역경(逆境)을 극복하게 해주고, 성공(成功)을 가져다주니까요.

# 5 May | 13
# 일편지론 一偏之論

♥ **일요일**, 일편지론(一偏之論)이란 편견(偏見)된 의논을 말합니다.

⭐ 부처님 오신 날 사찰에서 연등(燃燈)을 다는 이유는, 번뇌(煩惱)와 무지(無知)로 가득 찬 어두운 세상을 부처님의 지혜(智慧)로 밝게 비추라는 뜻입니다.

🍀 언어(言語)의 유희(遊戱) 일지도 모르지만, 괴로움과 시련이 있기에 만족과 행복도 존재합니다.

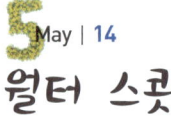
# 월터 스콧

❤️ **월요일**, 월터 스콧이 말하기를, 남을 속이기 시작하는 순간 우리는 얼기설기 얽힌 기만(欺瞞)의 덫을 짜게 된다고 했습니다.

⭐ **포기하고 싶을 때 꼭 생각해야 할 사람들 1**
- 영하 10도 바깥에서 알몸으로 "나는 할 수 있다"고 울부짖던 무명배우가 있었습니다. 혼(魂)을 받쳐 '허준' 역을 연기하여 스타가 된 '전광렬'입니다.
- 217번째 사업 투자자에게 거절을 당하였지만, '하워드 슐츠'는 불굴의 의지로 '스타벅스'를 창업하여 성공하였습니다.

🍀 음식을 먹기 전에 간을 먼저 보듯, 행동을 시작하기 전에 먼저 생각을 해야 합니다. 생각은 인생의 소금이니까요.

# 5 May | 15
# 화륜 花輪

♥ **화요일**, 화륜(花輪)이란 생화(生花) 또는 가화(假花)를 모아 만든 화환(花環)을 말합니다.

⭐ **포기하고 싶을 때 꼭 생각해야 할 사람 2**

- 그 사업은 무조건 실패 하니, 절대로 안 된다고 99명의 멘토들로부터 들었지만 결국은 성공시킨 사람이 바로 '교보생명' 창업자 '신용호 회장' 입니다.
- 20년 동안 평론가들로부터 "너저분한 잡동사니만 쓴다"고 비판 받았던 작가가 바로 「죄와 벌」을 쓴 '도스토예프스키' 입니다.

🍀 한 끼를 해치워야 한다는 의무감으로 먹는 음식은 식사(食事)가 아니라 '사료(飼料)'입니다.

## 수묵화 水墨畫

♥ **수요일**, 수묵화(水墨畫)란 채액을 쓰지 않고 먹만으로 그리는 동양화를 말합니다.

⭐ 포기하고 싶을 때 꼭 생각해야 할 사람 3
- 가난이란 절망의 벼랑 끝에서 독약을 마셨던 '남생해'는 포기하지 않고 다시 도전하여 세계에서 가장 큰 중식당 '하림각' 사장이 되었습니다.
- 100여 군데 의상실에서 '당신은 절대로 디자이너가 될 수 없다'는 소리를 듣고도 좌절하지 않았던 청년이 바로 '크리스챤 디올'입니다.

🍀 채찍질, 즉 위플래쉬(Whiplash)란 말은 노력을 강요하는 또 다른 폭력입니다.

# 5 May | 17
## 목성양치 木性羊齒

❤️ **목요일**, 목성양치(木性羊齒)란 줄기가 나무 모양을 이룬 고사리를 말합니다.

⭐ **포기하고 싶을 때 꼭 생각해야 할 사람 4**
- 근무력증(근육의 신경장애)에 걸려 5년 동안 누워 지내다 불굴의 의지로 일어나 '이랜드'를 세운 사람이 바로 '박성수'회장입니다.

🍀 육체(肉體)와 더불어 영혼(靈魂)의 건강을 위해 꼭 필요한 것은 웃음과 사랑입니다.

## 금구 禁句

♥ **금요일**, 금구(禁句)란 남의 감정(感情)을 해칠까 봐 말하기를 꺼리는 것을 말합니다.

⭐ **포기하고 싶을 때 꼭 생각해야 할 사람 5**
NBA에서 9,000번의 슛을 실패하고 3,000번의 경기에 패배한 선수가 다시 일어나 미국 농구의 전설이 된 사나이가 바로 '마이클 조던'입니다.

🍀 삶에서 가장 파괴적(破壞的)인 단어는 '내일'입니다.
내일 하겠다는 단어를 자주 사용하는 사람들은 가난(家難)과 불행(不幸)과 실패(失敗)를 몰고 다니는 사람들입니다.

# 5 May | 19
# 토머스 사즈

♥ **토요일**, 토머스 사즈는 권태(倦怠)는 모든 것을 시간낭비(時間浪費)라고 여기는 감정이고, 평온은 그 어느 것도 시간 낭비가 아니라고 생각하는 상태라고 했습니다.

☆ 포기하고 싶을 때 꼭 생각해야 할 사람 6

그런 하찮은 솜씨로는 작가가 될 수 없다고 수 많은 지인들로부터 핀잔을 받던 한 무명작가가 혼신을 받쳐 노력한 끝에 노벨 문학상을 수상하였습니다. 그가 바로 「노인과 바다」를 쓴 '어니스트 헤밍웨이'입니다.

🍀 천하를 잃어도 건강하면 행복 하다고 했습니다. 따지지도 묻지도 말고 무조건 건강하십시오.

# 5 May | 20
# 일인장락 一忍長樂

❤️ **일요일**, 일인장락(一忍長樂)이란 한 번 참으면 오래도록 즐거움을 누린다는 뜻입니다.

⭐ **포기하고 싶을 때 꼭 생각해야 할 사람 7**
남이 먹다가 버린 빵을 주워 먹던 한 거지 청년이 포기를 모르고 꿈을 향해 도전한 끝에, 만화영화 미키마우스, 백설공주, 판타지아 등 애니메이션 관련 사업으로 세계 선두 주자가 되었습니다. 바로 그 사람이 '월트 디즈니'입니다. 그리고 그는 어린이들에게 꿈과 희망을 주기 위해 '디즈니랜드' 놀이공원을 세웠습니다.

🍀 조난자(遭難者)를 죽음으로 내모는 건 식량부족(食糧不足)도 체력 저하도 아닙니다. 희망을 내려놓는 순간 조난자의 생명은 무너집니다.

# 5 May | 21
## 월령 月齡

❤️ **월요일**, 월령(月齡)이란 동식물의 나이를 달수로 세는 북한말입니다.

⭐ '글'은 동사 '긁다'에서 파생 되었습니다. 글쓰기는 긁고 새기는 행위와 무관(無關)하지 않습니다. 그리고 글은 백지에만 쓰고 새기는 것이 아니라, 머리와 가슴에도 쓰고 새깁니다. 가슴 깊숙이 새겨진 글귀는 지지 않는 꽃이라고 합니다.

🍀 사람은 누구나 가슴에 낙원(樂園)을 품고 살아갑니다. 우리는 그 낙원을 꿈이라고 하지요.

#  | 22

## 화가여생 禍家餘生

♥ **화요일**, 화가여생(禍家餘生)이란 죄를 짓고 화(禍)를 입은 집안의 자손을 말합니다.

⭐ 지인(知人:그냥 알고 지내는 사람)은 많아도 지음(知音: 자신의 마음소리까지 알아주는 절친한 벗)은 드문 세상에 우리는 살고 있습니다. 춘추 전국시대 이름난 거문고의 연주가 백아(伯牙)는 절친한 친구인 종자기(鍾子期)가 병으로 세상을 떠나자 자신의 연주를 더 이상 알아주는 사람이 없다면서 거문고 현(絃)을 모두 잘라 버리고 다시는 연주하지 않았다는 일화로 인해, 지음(知音)과 백아절현(伯牙絕絃)이라는 고사성어가 탄생하였습니다.

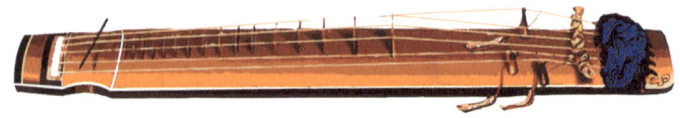

🍀 의미 있는 일을 위해서는 돈을 낙엽처럼 태울 줄 알아야 진정한 돈의 가치를 아는 사람입니다.

# 5 May | 23
## 수비의무 守秘義務

♥ 수요일, 수비의무(守秘義務)란 묵비의무(默秘義務) 즉 업무를 처리하다가 알게 된 사실에 대하여 비밀을 지켜야할 의무를 말합니다.

⭐ 유머(humor)와 개그(gag)는 조금 격(格)이 다른 개념(概念)을 가지고 있습니다. 개그는 즉흥적인 대사나 우스개를 끼워 넣어 상대방을 웃기는 것이 목적인 반면, 유머는 해학과 삶의 희로애락을 적절히 뒤섞어 익살스러운 농담을 자아내는 것이 목적입니다.

🍀 감사하는 마음은 가장 긍정적(肯定的)인 사고방식(思考方式)이자, 가장 적극적인 삶의 태도입니다.

# 5 May | 24
## 목향채 木香菜

♥ **목요일**, 목향채(木香菜)란 연한 목향(木香)잎을 감초(甘草)물에 삶아 무친 나물을 말합니다.

⭐ **고스톱이 주는 인생 10훈**
- 첫째 – 낙장불입
  순간의 실수가 큰 결과를 초래한다는 것이며
- 둘째 – 비,풍,초,똥,팔,삼
  살면서 무엇인가를 포기해야 할 때 우선순위를 가르쳐 위기 상황을 극복해야 한다는 것이며
- 셋째 – 밤일낮장
  밤일과 낮일이 정해져 있다는 것입니다.

🍀 세상에서 가장 아름다운 숲은 책(서점) 숲입니다.

**5** May | 25
# 금석지언 金石之言

♥ **금요일**, 금석지언(金石之言)이란 쇠나 돌처럼 변함없는 굳은 언약(言約)을 말합니다.

☆ 고스톱이 주는 인생 10훈
- 넷째 – 광박
  광(光)하나는 가지고 살아야 한다는 것은 인생은 결국 힘 있는 놈이 이긴다는 것을 가르치며
- 다섯째 – 스톱
  안정(安定)된 투자정신(投資情神)은 신중한 판단력을 증진시켜 미래의 위험을 없애자는 것입니다.

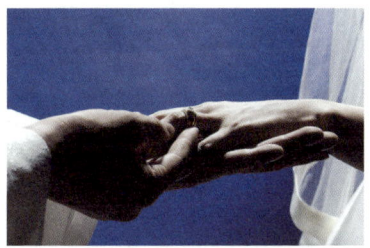

🍀 따뜻한 말 한 마디는 메마른 가슴에 수 십 년간 잠들었던 사랑을 기적처럼 깨어나게 합니다.

# 5 May | 26
## 토포 土布

❤️ , 토포(土布)란 우리나라에서 생산되는 삼베를 말합니다.

⭐ 고스톱이 주는 인생 10훈
- 여섯째 – 피박
  
  사소한 것이라도 절대 소홀히 하지 말라는 것이며
- 일곱 번째 – 독박
  
  무모한 짓은 삼가 하라는 것이며
- 여덟 번째 – 고
  
  인생(人生)은 결국 승부(勝負)라는 것을 가르쳐 도전정신(挑戰精神)과 배짱을 키우라는 것입니다.

🍀 인생의 드라마에서는 감독(監督)도 관객(觀客)도 조연(助演)도 없습니다. 오직 자신이 주연이 되어 스스로 연출해야 합니다.

# 5 May | 27
# 일면지교 一面之交

❤ **일요일**, 일면지교(一面之交)란 얼굴만 겨우 아는 사이를 말합니다.

⭐ **고스톱이 주는 인생 10훈**
- 아홉 번째 – 쇼당
  인생에서 양자택일의 기로에 섰을 때 현명한 판단력이 있어야 생존한다는 것이며
- 열 번째 – 나가리
  인생은 곧 나가리라는 허무함을 깨닫게 하여, 그 어려운 '노자사상(老子思想)'을 단번에 이해하게 한 것입니다.

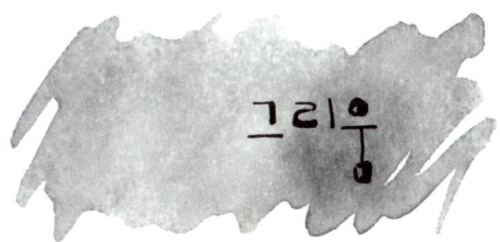

🍀 향기(香氣) 있는 사람은 세월이 흘러도 늘 그리움으로 남아 있습니다.

# 5 May | 28
## 월면도 月面圖

❤️ **월요일**, 월면도(月面圖)란 망원경으로 본 달 표면의 지도를 말합니다.

⭐ 완벽(完璧)이라는 말은 사마천이 쓴 사기(史記)의 상여전(相如傳)에 처음 등장 하는 말로, 고리 모양의 보옥(寶玉)을 끝까지 지킨다는 뜻이었지만 지금은 완전무결(完全無缺) 하다는 말로 쓰이고 있습니다.

🍀 성공(成功)했기 때문에 만족(滿足)하는 것이 아니라, 만족하고 있기 때문에 성공한 것입니다.

# 5 May | 29
## 화괴 花魁

♥ 화요일, 화괴(花魁)란 매화의 또 다른 이름입니다.

⭐ 영국의 언어학자 제프리 샘슨은 "한글이야말로 인류가 만든 위대한 지적 유산 가운데 하나"라고 극찬을 아끼지 않았습니다.

🍀 햇빛과 추위와 비와 눈은 나무를 좋은 재목으로 만들어 주는 최고급 영양소입니다. 우리 삶의 최고급 영양소는 시련(試鍊)입니다.

# 5 May | 30
## 수분수 授分樹

♥ 수요일, 수분수(授分樹)란 다른 과실나무를 혼식(混植)하여 꽃가루 수정을 할 수 있도록 하는 것을 말합니다.

★ 우리나라 사람에게 '모나리자'가 친숙한 이유는 1988년에 노래를 발표 한 가왕(歌王) 조용필의 '모나리자'와 1990년에 모나리자 물티슈가 광고로 인해 유명세를 탔기 때문입니다.

🍀 시낭송(詩朗誦), 노래, 춤은 치매예방(癡呆豫防)의 가정교사(家庭敎師)입니다.

# 5 May | 31
## 목계가 木鷄歌

❤️ **목요일**, 목계가(木鷄歌)란 고려 때 효자로 유명한 문충이 어머니가 늙어 가는 것이 서러워 지었던 노래입니다.

⭐ 꼭 쥐고 있어야 내 것이 되는 것은 진짜 내 것이 아닙니다. 놓았는데도 내 곁에 머무르고 있는 사람이 바로 내 사람입니다.

🍀 몸이 가는 길에 바람이 불면 흔들리지만, 마음이 가는 길에 바람이 불면 사랑이 시작됩니다.

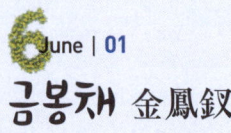

# 금봉채 金鳳釵

❤️ **금요일**, 금봉채(金鳳釵)란 봉황(鳳凰)을 새긴 금비녀를 말합니다.

⭐ **명품**(名品) 인간관계(人間關係)를 위해서는 상대방에게 필요한 것을 주십시오.
낚시를 갈 때 아이스크림을 가져가지 않고 물고기가 원하는 미끼를 가져가는 것처럼 사람을 낚으려면 내 주장만 하지 말고 상대방이 원하는 것을 주십시오.

🍀 내 손이 수고하면 집안이 깨끗해지고, 내 말 한 마디가 따뜻하면 온 가족은 물론 사회가 밝아집니다.

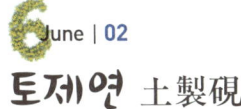

# 토제연 土製硯

♥ **토요일**, 토제연(土製硯)이란 흙으로 빚어서 구워 만든 벼루를 말합니다.

⭐ 1945년 8월 6일 히로시마에 원자폭탄(原子爆彈)을 투하하였을 때도, 1960년대 중반 미군이 월남전에서 독성이 아주 강한 고엽제를 무차별적으로 살포하였을 때도 살아남은 식물이 바로 대나무였습니다. 대나무가 이렇게 생명력(生命力)이 끈질긴 이유는 대나무 잎에 '폴리페놀과 즐라보노이드'라는 항산화물질이 풍부하기 때문입니다. 폴리페놀을 가장 많이 함유하고 있는 식물은 해죽순(海竹筍)입니다.

🍀 탈무드에 의하면
늙음을 재촉하는 네 가지는 악처(惡妻), 두려움, 노여움, 자식들이라고 했습니다.

♥ 감사합니다. ♥ 고맙습니다. ♥ 사랑합니다.

# 일각천금 一刻千金

❤️ **일요일**, 일각천금(一刻千金)이란 극히 짧은 시간도 천금만큼 큰 가치가 있다는 뜻입니다.

⭐ 파리를 따라 다니면 화장실로 가게 되고
거지를 따라다니면 구걸 하게 되고
꿀벌을 따라다니면 꽃을 만나게 됩니다.
우리는 현실 속에서 누구와 함께 하느냐가 아주 중요합니다.

🍀 사기(詐欺) 가운데 가장 큰 사기는 남의 마음을 가지고 사기 치는 것입니다.

# 6 June | 04
# 월이 月伊

❤️ **월요일**, 월이(月伊)란 다른 사람의 머리카락을 이용하여 머리를 치장하는 것을 말합니다.

⭐ 생각의 창고를 넓히십시오.
생각을 가열하고 넓힐 때 표현(表現)의 품위(品位)가 올라갑니다.

🍀 실패(失敗)는 딛고 일어서는 것이지 좌절(挫折)하는 것이 아닙니다. 그래서 실패는 아픔이 49%, 기회가 51%입니다.

#  June | 05
## 화소성미 花笑聲未

♥ **화요일**, 화소성미(花笑聲未), 꽃은 웃어도 소리가 없고, 청조제루난간(聽鳥啼淚難看), 새는 울어도 눈물이 보이지 않는다.

⭐ 까마귀는 먹이 사냥을 못하는 어미를 먹여 살린다고 하여 자오(慈烏), 효조(孝鳥), 반포조(反哺鳥) 즉, 효도(孝道)를 하는 새로 불리게 되었습니다.

🍀 소리와 입으로 하는 사랑에는 향기가 없습니다. 진정한 사랑은 이해, 관용, 포용, 용서, 자기 낮춤이 선행 되어야 합니다.

# 수업지사 授業之師

❤️ 수요일, 수업지사(授業之師)란 학문을 가르치는 스승을 말합니다.

⭐ 모래는 바위의 분신(分身)입니다. 그래서 모래는 태어날 때부터 이미 늙은 눈물이고 황혼(黃昏)이랍니다.

🍀 젊어서는 재력이 있어야 살기 편하고 늙어서는 건강이 있어야 살기 편합니다.

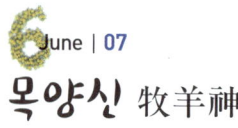

## 목양신 牧羊神

❤️ **목요일**, 목양신(牧羊神)은 로마 신화에 나오는 임야와 목축의 신으로서 반인반수(半人半獸) 형상을 하고 있습니다.

⭐ 준비 없는 말은 산산이 흩어지지만, 진정성(眞精誠)이 살아있는 뜨거운 말은 소통의 위력을 발휘합니다.

🍀 사람은 희망(希望)이 있으면 젊어지고, 실망(失望)이 있으면 빨리 늙어갑니다.

# 6 June | 08
## 금시초견 今時初見

❤️ **금요일**, 금시초견(今時初見)이란 이제야 처음 본다는 뜻입니다.

⭐ 행복(幸福)하게 살고 싶으면 가슴에 사랑만 남기십시오.
증오, 미움, 상처 등은 깃털처럼 날려 버리고 오직 가슴에 사랑만 남기십시오.

🍀 일은 돈을 벌기 위해서 하는 것이고, 놀고 즐기는 것은 대가를 치러야하기 때문에 돈을 쓰면서 해야 합니다.

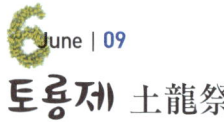
## 토룡제 土龍祭

❤️ **토요일**, 토룡제(土龍祭)란 흙으로 빚은 용을 놓고 비가 오도록 비는 제사를 말합니다.

⭐ 노년의 특급열차(特急列車)
인생 예순 때는 년(年)으로 늙고
인생 일흔 때는 달(月)로 늙고
인생 여든 줄은 날(日)로 늙는다고 했습니다.

🍀 약(藥)을 시간 맞춰 먹지 말고, 웃음을 시간 맞춰 웃을 때 병원(病院)과 의사(醫師)와는 영원히 이별(離別)하는 것입니다.

 June | 10

# 일심정도 기불성공 一心情到豈不成功

❤️ **일요일**, 일심정도 기불성공(一心情到豈不成功)이란 한 마음으로 정진하면 성공을 할 수 있다는 뜻입니다.

⭐ 봉이 김선달이가 보이스 피싱 원조가 된 이유
대동강변이 얼었을 때 그 위에 짚을 뿌려 논이라고 속여서 팔았는가 하면, 빅 마우스(Big mouth) 즉, 이빨로 선달(先達)이라는 벼슬을 훔쳤으니까요.

🍀 불가능(不可能)은 소심한 자의 환상이요, 비겁한 자의 도피처입니다.

## 월입 月入

- ♥ **월요일**, 월입(月入)이란 달이 지는 것을 말합니다. 같은 말로는 월몰(月沒)입니다.

- ⭐ 조용필의 '돌아와요 부산항' 노래 가사 중 '꽃피는 동백섬'은 생김새가 다리미를 닮았다 하여 일명 '다리미섬'이라는 별칭이 붙었습니다. 하지만 오랜 시간 퇴적작용으로 인하여 육지와 이어져있어, 이런 섬을 '육계도(陸繫島)'라 합니다.

- 🍀 새벽이란 어제와 결별하고 새로운 하루를 가늠하는 시간을 말합니다.

#  June | 12
## 화택 火宅

● **화요일**, 화택(火宅)이란 번뇌(煩惱)의 고통을 불로 보고, 욕계(欲界), 색계(色界), 무색계(無色界) 즉 삼계의 세계를 집으로 보아, 이승을 불이 난 집으로 비유한 것입니다.

⭐ 니체가 '신은 죽었다'고 외친 것은 기독교 신앙을 거부한 것이 아니라, 물질적인 가치가 득세하는 세상에 삶의 목표가 허무하다는 것에 대한 외침이었습니다.

🍀 넘어지지 않는 말(馬)이 훌륭한 말이고, 불평하지 않는 처(妻)가 훌륭한 처입니다.

## 6 June | 13
## 수석금병 繡席金屏

♥ , 수석금병(繡席金屏)이란 수를 놓아 만든 방석과 비단 병풍을 말합니다.

★ 진정한 독서는 화장실에서 이루어집니다.
그 곳에서는 따로 도모할 일이 없기에 번잡한 관심에서 해방되어 완벽한 집중이 가능하기 때문입니다.

🍀 어려운 가운데 가장 어려운 것은 알고도 모르는 척하는 것이고, 용맹 가운데 가장 큰 용맹은 옳으면서도 지는 것입니다.

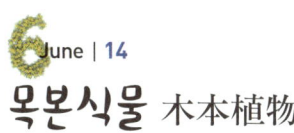
June | 14

# 목본식물 木本植物

💗 **목요일**, 목본식물(木本植物)이란 줄기나 뿌리가 물관부를 만들어 해마다 성장을 계속하는 식물을 말합니다.

⭐ '사랑합니다. 감사합니다' 이 한마디가 우리들의 삶 전체를 아름답게 합니다. 이 한마디를 제대로 하기 위해 우리는 배우고 일하고 사랑하면서 살아갑니다. 감사를 아는 사람에게는 다른 것을 요구할 필요가 없습니다. 감사를 안다는 것은 삶을 깊이 이해하고 있다는 것이니까요.

🍀 위기(危機)는 준비하지 않은 자에게는 고난으로, 준비한 자에게는 기회로 다가옵니다.

💙 감사합니다. 💙 고맙습니다. 💙 사랑합니다.

## 금석 今昔

♥ 금요일, 금석(今昔)이란 지금과 옛날을 말합니다.

★ 꿈을 꾸면 목표(目標)가 생기고, 목표를 잘게 나누면 계획(計劃)이 되고, 계획을 하나씩 실행(實行)하면 꿈이 이루어집니다.

🍀 항상 행복(幸福)한 마음과 사귀십시오.
　불행(不幸)은 내 허락(許諾) 없이는 오지 못합니다.

June | 16

# 토두 土豆

♥ **토요일**, 토두(土豆)란 토란(土卵)의 다른 이름입니다.

★ 그리움에도 나이가 있습니다.
나이만큼 그리움이 옵니다.
그리움도 꼬박꼬박 나이를 먹습니다.
그래서 우리들 마음 안에는 나이만큼 켜켜이 그리움이 쌓입니다.

🍀 산다는 것은 가슴에 사랑을 잃지 않는 것입니다.

**6** June | 17

# 일석천념 一夕千念

💗 **일요일**, 일석천념(一夕千念)이란 하루 저녁에 천 가지 생각을 한다는 뜻으로, 잠시 동안 많은 것을 생각하는 것을 말합니다.

⭐ 일어나자마자 웃는 웃음은 보약 중에 보약(補藥)이며, 웃을 때는 마음까지 웃어야 합니다. 얼굴 표정보다 마음 표정이 더 중요하니까요. 그리고 웃을 때는 함께 웃으십시오. 함께 웃는 웃음은 혼자 웃는 웃음보다 33배 효과가 있다고 합니다.

🍀 성공(成功)은 계획(計劃)입니다.
계획 없는 성공은 없습니다.

# 6 June | 18
# 월삼경 月三更

♥ **월요일**, 월삼경(月三更)이란 달의 삼경이란 뜻으로 달이 밝은 한밤중을 말합니다.

★ 책장을 너무 일찍 덮지 마십시오.
삶의 다음 페이지에서 또 다른 멋진 나를 발견(發見)할 수도 있으니까요.

🍀 지식(智識)이 많아도 겸손(謙遜)을 모르면 무식한만 못하고, 직위(職位)가 높아도 낮춤을 모르면 존경(尊敬)을 받기 어렵습니다.

## 6 June | 19
## 화복동문 禍福同門

♥ , 화복동문(禍福同門)이란 화(禍)와 복(福)은 자기 스스로 불러 들인다는 뜻입니다.

⭐ 독서(讀書)는 인간을 도덕적인 존재이자 이성적이고 과학적인 존재로 만드는 가장 구체적인 길입니다.

🍀 운동선수(運動選手)는 응원 소리에서 힘을 얻고, 사람은 칭찬(稱讚)을 들으면서 자신감을 얻습니다.

# 6 June | 20
## 수질승가하증 雖嫉僧袈何增

, 수질승가하증(雖嫉僧袈何增)이란 '승려(僧侶)가 밉다고 가사(袈裟)까지 미우랴'는 뜻으로, 한 사람으로 인한 분노가 다른 사람에게 옮기는 것은 안된다는 뜻입니다.

⭐ 세상에 태어났다고 신고하는 눈물의 신고식인 울음, 그 첫 눈물은 호흡이자, 생명이자, 살아있다는 확실한 증거입니다.

🍀 바보와 죽은 사람만이 결코 자기의 생각과 의견을 바꾸지 않습니다.

# 6 June | 21
## 목로 木路

❤️ **목요일**, 목로(木路)란 얕은 물에 배가 다닐 수 있도록 나뭇가지로 뱃길을 표시 한 것을 말합니다.

⭐ 사랑하는 사람을 '자기야'라고 부르는 것은 '자기야'는 자기 자신을 부르는 말입니다. 그리고 사랑하는 사람은 자신의 분신이라는 것입니다. 사랑하는 사람 안에 내가 있고 내 안에 사랑하는 사람이 있다는 것입니다.

🍀 아이디어란
   엉뚱하게 시작해서 현실적으로 진화하는 것을 말합니다.

# 6 June | 22
## 금혁지세 金革之世

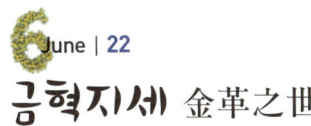, 금혁지세(金革之世)란 어지러운 세상을 말합니다.

★ 남의 얘기 함부로 하지 맙시다.
그릇된 선입견(先入見)이 우리의 눈을 멀게 하고, 요망한 세치 혀가 우리의 영혼(靈魂)을 갉아 먹습니다.

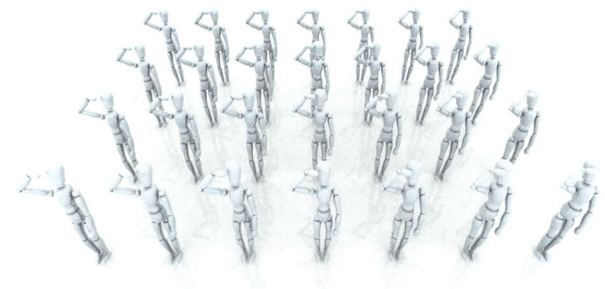

🍀 세상을 살아가면서 가장 중요한 것은 타인을 존중하는 마음입니다. 타인(他人)을 존중하는 것이 곧 나를 존중하는 것이기 때문입니다.

## 6 June | 23
## 토제 土堤

♥ , 토제(土堤)란 흙으로 쌓아 올린 둑을 말합니다.

⭐ '사람과 사람' 사이에는 '과'가 있습니다. 두 사람이 한 사람이 되려면 둘 사이에 놓인 과를 치워야 합니다.
그 과가 바로
과한 욕심(慾心)
과한 기대(期待)
과한 허세(虛勢)입니다.

🍀 아는 것이 힘이라 하였습니다.
하지만 많이 아는 것이 힘이 아니라 제대로 아는 것이 힘입니다.

# 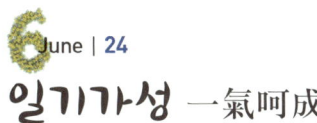 일기가성 一氣呵成

❤️ **일요일**, 일기가성(一氣呵成)이란 일을 단숨에 해치우는 것을 말합니다.

⭐ 호치아미 명왈벌성지부(皓齒蛾眉 命曰伐性之斧)
흰 이빨과 고운 눈썹을 지닌 미인은
남자의 목숨을 찍는 도끼이고
감취비농 명왈 부장지약(甘脆肥膿 命曰腐腸之藥)
달고 무르고 기름지고 맛이 진한 음식은 창자를 썩게 하는 약이다고 했습니다.

🍀 진실(眞實)이 신발을 신고 있는 동안 거짓은 세상을 한 바퀴 돌아옵니다.

# 6 June | 25
## 월두 月頭

❤️ **월요일**, 월두(月頭)란 그달의 처음을 말합니다.

⭐ 원래 김(金)씨는 금(金)씨였습니다. 이성계가 조선을 건국하고 난 후, 이(李)자에 나무목(木)자가 들어가자, 나무는 쇠(金)에 약하다는 것을 알고 금(金)씨를 김(金)씨로 바꾸었습니다. 금춘추를 김춘추로, 금유신을 김유신으로, 금해를 김해로 고쳐 불렀으며, 이에 김수현(금난새 부친)은 성(姓)의 근본을 찾아, 아들 이름을 김난새에서 '금난새'(지휘자)로 부르게 하였습니다.

🍀 결별(訣別)을 잘해야 합니다.
결별을 잘못하면 과거에 질질 끌려 다녀야 하니까요.

# 6 June | 26
## 화향 花香

❤️ **화요일**, 화향(花香)이란 부처님에게 올리는 꽃과 향을 말합니다.

⭐ 조용필의 '돌아와요 부산항' 노래는 황선우 작사·작곡 가수 김해일이 부른 '돌아와요 충무항'이었습니다.
가사는 꽃피는 미륵산에 봄이 왔건만
님 떠난 충무항에 갈매기만 슬피우네
세병관 둥근 기둥 기대어 서서 목메어 불러 봐도 소식 없는 그 사람,
1971년 김해일이 사망하자 조용필이 개사하여 히트한 노래입니다.

🍀 이 세상에서 최고의 브랜드는 바로 자신의 이름 석자 입니다. 자신의 이름을 더럽히는 행동은 하지 맙시다.

# June | 27
## 수인감과 修因感果

❤️ **수요일**, 수인감과(修因感果)란 보살의 길을 닦아서 깨달음을 얻는다는 뜻입니다.

⭐ 로댕의 〈생각하는 사람〉 조각상은 중세 이탈리아 시인인 단테의 신곡(神曲)에서 영향을 받아 제작한 것으로 지옥문(地獄門) 맨 꼭대기에 앉아 지옥으로 향하는 인간의 고통과 번뇌, 죽음을 보고 있는 것입니다. 과연 무엇을 생각하고 있을까요?

🍀 사람이 잘 살아간다는 것은 누군가의 마음에 아름다운 씨앗을 심는 일입니다.

# 6 June | 28
## 목왕 木王

❤️ **목요일**, 목왕(木王)이란 중국이 원산지로 능소화과의 갈잎큰키나무를 말합니다.

⭐ 부처님이나 예수님이 이 세상에 오신 것은 우리 모두가 부처고 예수라는 것을 확인시켜 주기 위해서 입니다.

🍀 경험(經驗)은 아주 훌륭한 일이지만 그 안에서 교훈(敎訓)을 발견(發見)하지 못하면 죽은 경험이 되어 아무런 쓸모가 없습니다.

# 6 June | 29
# 금세과보 今世果報

, 금세과보(今世果報)란 전생(前生)에 지은 인연으로 맞게 된 이 세상의 업보(業報)를 말합니다.

⭐ 프로는 프로페셔널(professional, 전문가)의 준말로, 그 어원적 뿌리는 '선언하는 고백'이란 뜻의 라틴어 프로페시오(professio)에서 시작되었습니다. 그리고 '아마추어'는 라틴어 아마토르(amator)에서 유래된 것입니다.

🍀 옷은 해어지면 겹겹이 기우면 되지만, 마음이 해어지면 시리고 아리도록 사랑으로 기워야 합니다.

**June | 30**

# 토청 土廳

❤️ **토요일**, 토청(土廳)이란 흙마루를 말합니다.

⭐ 어리석은 사람은 상대를 바꾸려 하지만, 지혜로운 사람은 자신을 바꿉니다. 내가 바뀌면 세상이 바뀌니까요.

🍀 꿈을 이루었을 때를 상상하며 목 놓아 웃으십시오.
꿈과 웃음은 한 집에서 동거(同居)합니다.

# 7 July | 01
## 일심삼관 一心三觀

❤️ **일요일**, 일심삼관(一心三觀)이란 자기 마음속에 삼제가 있음을 알고 번뇌(煩惱)를 벗어나 열반(涅槃) 보리에 들어가 도(道)를 닦는 일을 말합니다.

⭐ 가정(家庭)은 모든 행복(幸福)의 원천(源泉)입니다. 하지만 가정이 어그러지면 가정은 더 이상 행복한 곳이 아니라 세상에서 가장 큰 괴로움을 주는 고통(苦痛)의 장소가 됩니다.

🍀 더러운 물은 아무리 많아도 깨끗하게 씻을 수 없습니다.

# 7 July | 02
# 월섭 越涉

❤️ **월요일**, 월섭(越涉)이란 물을 건너가는 것을 말합니다.

⭐ 유네스코 세계 자연유산(自然遺産)으로 지정된 바이칼호는 우리 민족의 시원(始原)과도 관련이 있습니다. 바이칼호의 27개의 섬 중 가장 큰 섬은 '알혼섬'으로 서울시의 3/4의 크기입니다. 이 섬에 사는 브리야트족의 유전자는 우리와 거의 흡사하며, 전해지는 전설 또한 우리나라의 선녀와 나무꾼과 일치합니다. 백조 선녀가 하늘에서 내려와 호수에 목욕을 하다가 샤먼(무당)에게 날개옷을 도난당한 후, 샤먼과 결혼하여 11명의 아들을 놓고 하늘나라로 날아가 버리자, 11번째 아들이 남쪽으로 내려와 지금의 우리 민족의 시원이 되었다고 합니다.

🍀 '바이칼'이라는 이름은 터키어로는 고기가 많이 잡히는 호수라는 뜻이고, 현지어로는 자연이 만든 풍요로운 호수라는 뜻입니다.

# 7 July | 03
## 화초별감 花草別監

♥ **화요일**, 화초별감(花草別監)이란 조선시대 가무(歌舞)를 맡아보던 별감(別監)을 말합니다.

★ 순우리말의 달(月)이름 1
- 1월(해오름달) : 새해 아침에 힘차게 떠오르는 달
- 2월(시샘달) : 꽃샘추위가 있는 겨울의 끝 달
- 3월(물오름달) : 산과 들에 물이 오르는 달

🍀 성공(成功)이 행복(幸福)을 여는 열쇠가 아니라, 행복이 성공을 여는 열쇠입니다.

# 7 July | 04
## 수행 修行

❤️ 수요일, 수행(修行)은 타인이 아니라 나를 넘어서기 위한 노력입니다.

⭐ 순우리말의 달(月)이름 2
- 4월(잎새달) : 물오른 나무들이 잎을 돋우는 달
- 5월(푸른달) : 마음이 푸른 모든 이들의 달
- 6월(누리달) : 온 누리에 생명력이 가득 차 넘치는 달

🍀 사랑의 실수(失手)를 용서(容恕)할 줄 모르는 사람은 사랑할 자격이 없습니다. 참된 사랑에는 용서 못할 것이 아무것도 없으니까요.

# 7 July | 05
## 목탁 木鐸

❤️ **목요일**, 목탁(木鐸)이란, 사람을 가르치고 이끄는 수단으로써, 혀가 나무로 된 방울이란 뜻입니다.

⭐ **순우리말의 달(月)이름 3**
- 7월(견우직녀의 달) : 견우직녀가 만나는 아름다운 달
- 8월(타오름의 달) : 하늘에선 태양이, 땅위에서는 가슴이 타는 정열의 달
- 9월 (열매의 달) : 가지마다 열매를 맺는 달

🍀 인생(人生)은 학교(學校)입니다.
살아가면서 격(格)은 모든 경험이 지혜(智慧)와 가르침을 주기 때문입니다.

# 7 July | 06
## 금옥관자 金玉貫子

♥ **금요일**, 금옥관자(金玉貫子)란 금관자와 옥관자를 아울러 이르는 말입니다.

★ 순우리말의 달(月) 이름 4
- 10월(하늘이 열리는 달) : 백두산에 아침의 나라가 열리는 달
- 11월(미틈달) : 가을에서 겨울로 치닫는 달
- 12월(매듭달) : 마음을 가다듬는 한 해의 끄트머리 달

🍀 아무리 황금(黃金)을 좋아하는 사람도 황금으로 된 족쇄(足鎖)는 좋아하지 않습니다.

# July | 07
## 토기부거 兎起鳧擧

💗 **토요일**, 토기부거(兎起鳧擧)란 토끼가 달리고 물오리가 날아오른다는 뜻으로, 몹시 빠름을 비유한 것입니다.

⭐ 나는 '자신과의 싸움에서 이겨야 한다'는 말을 좋아 하지 않습니다. 살다보면 싸워야 할 대상이 차고 넘치는데 굳이 자신을 향해 칼끝을 겨눌 필요(必要)가 없다고 생각하니까요. 그리고 자신과 싸우는 것보다 자신과 잘 지내는 게 훨씬 중요합니다.

🍀 모든 무기(武器)는 인간(人間)이 사용하지만, 분노라는 무기는 분노(憤怒)가 인간을 사용합니다.

# 7 July | 08
# 일호천 一壺天

● **일요일**, 일호천(一壺天)이란 호리병 속의 하늘이라는 뜻으로, 별세계(別世界)를 말합니다.

★ 이름 명(名)자는 저녁 석(夕)자 밑에 입구(口)자입니다. 온 종일 들판에서 일을 하고 돌아와 자식들의 안위를 확인하기 위해 부모가 목 놓아 부르던 것이 바로 이름입니다.

🍀 만족(滿足)을 모르는 사람은 비록 천당(天堂)에 있어도 만족하지 못합니다. 천당갈 일은 없지만~.

# 7 July | 09
## 월려우필 月麗于畢

❤️ **월요일**, 월려우필(月麗于畢)이란 비가 올 조짐을 이르는 말입니다.

⭐ 시련(試鍊)을 받아들이고 극복(克復)할 때 삶의 열매가 열리고, 삶에 대한 진정한 의미가 생기는 것입니다.
차이코프스키는 비극적인 결혼으로 인해 자살 직전까지 갔지만 그 시련을 바탕으로 교향곡6 '비창(悲愴)'을 세상에 탄생시켰습니다.
시련으로부터 도망치지 맙시다 우리.

🍀 근심은 욕심(慾心)이 많은 데서 생기고, 재앙(災殃)은 탐(貪)하는 마음이 많은 데서 생깁니다.

# 7 July | 10
## 화인악적 禍因惡積

♥ **화요일**, 화인악적(禍因惡積)이란 재앙(災殃)을 받는 자는 평소에 악행(惡行)을 쌓았기 때문이라는 뜻입니다.

★ 사랑을 하더라도 집착(執着)이 없어야 하고, 미워하더라도 마음속에 오래두면 안됩니다. 사랑이든 미움이든 마음속에 오래두면 집착하게 되고, 집착하게 되면 그 때부터 괴로움이 시작됩니다.

🍀 욕정(慾情)은 결국 과식하다가 죽지만, 사랑은 과식하는 법이 없습니다.

# 수선지지 首善之地

**July | 11**

❤️ **수요일**, 수선지지(首善之地)란 다른 곳보다 나은 곳이라는 뜻으로, 수도 서울을 의미하기도 하고, 조선시대 최고 교육기간인 성균관을 일컫는 말이기도 합니다.

⭐ 식도락가의 경우, 혀가 사람을 위하여 봉사 하는 것이 아니라, 사람이 혀를 위하여 봉사 하고, 마지막엔 사람이 혀의 노예가 되는 꼴입니다.

🍀 저주(詛呪)의 말은 악마(惡魔)에게 기도(祈禱)하는 것입니다(악마를 부르지 마십시오. 자신의 행복을 위하여)

# 7 July | 12
## 목도 木桃

❤️ **목요일**, 목도(木桃)란 큰 복숭아를 말합니다.

⭐ 칼은 사람을 죽이지 않습니다.
사람을 죽이는 것은 손입니다.
그 손을 움직이는 것은 마음입니다.

🍀 말을 기도(祈禱)처럼 하십시오. 기도는 부처님과 하느님과의 직통 전화입니다.

# 7 July | 13
# 금린옥척 錦鱗玉尺

❤️ 금요일, 금린옥척(錦鱗玉尺)이란 한 자 가량 되는 아름다운 물고기를 가리키는 말입니다.

⭐ 행복(幸福)한 결혼(結婚)이 드문 이유는 서로 요구하는 그물을 만드는 데 바빠서, 부부가 행복 바구니를 만드는 노력에 게을리하기 때문입니다.

🍀 남의 얘기 함부로 하지 맙시다.
　　세치의 혀가 당신의 인격(人格)이자, 당신의 미래(未來)를 지배(支配)합니다.

# 7 July | 14
# 토저 土猪

♥ **토요일**, 토저(土猪)란 시라소니를 말합니다.

★ 지혜(智慧)가 부족해서 실패(失敗)하는 일은 거의 없습니다. 사람에게 늘 부족한 것은 부지런한 노력입니다. 부지런하지 않으면 있는 지혜도 사라지는 법입니다.

🍀 불행(不幸)은 자신에게 몰려오는 일상의 일들을 아무렇게나 대하는 행동에서 시작됩니다.

### 7 July | 15
# 일근천하 무난사 一勤天下無難事

❤️ **일요일**, 일근천하 무난사(一勤天下無難事)란 한결같이 성실하면 천하에 어려운 일이 없다는 뜻으로, 정주영 회장의 집에 걸려 있었던 글귀입니다.

⭐ 오늘이 어렵다고 일을 미루지 마십시오.
오늘 어렵다고 미루는 일은 내일도 어렵고 모레도 어렵습니다.

🍀 사람은 오래되면 늙고, 물건은 오래되면 상처(傷處)를 입습니다.

# 7 July | 16
## 월중도 越中圖

♥ **월요일**, 월중도(越中圖)는 보물 제 1536호로서, 단종의 유배지였던 영월 일대와 사육신의 절의가 깃든 장소를 8폭 그림으로 제작한 화첩입니다.

★ 가족(家族)에게는 미소(微笑)만큼 진정한 행복을 가져다주는 선물은 없습니다.
이 소중한 선물은 결코 돈이 들지 않습니다.

🍀 주먹을 불끈 쥐는 사람보다 두 손을 모으고 기도(祈禱)하는 사람이 더 강합니다.

## 7 July | 17
## 화청 和請

● **화요일**, 화청(和請)이란 절에서 제(祭)를 올릴 때 부르는 노래를 말합니다.

★ 프라이팬에 붙은 찌꺼기를 떼어내기 위해서는 물을 붓고 기다리면 됩니다. 아픈 상처 역시 억지로 떼어내려고 하지 말고 마음의 프라이팬에 '시간(時間)'이라는 물을 붓고 기다리면 해결됩니다.

♣ 내가 침을 흘리며 잠자고 있을 때 다른 누군가는 그 침으로 책장을 넘기고 있다는 사실을 명심해야 합니다.

# 7 July | 18
## 수의고고 守義稿稿

❤️ 수요일, 수의고고(守義稿稿)란 정의(正義)를 굳게 지켜 역경(逆境)을 이겨낸다는 뜻입니다.

⭐ 마음에도 다이어트가 필요합니다.
날씬한 몸매만 추구하지 말고 날씬한 마음도 추구합시다.
날씬한 마음을 만들기 위해서는
불필요한 걱정
불필요한 생각
불필요한 욕심을 버리면 됩니다.
그리고 날씬한 마음이 만들어지면
'행복'은 저절로 찾아옵니다.

🍀 아무리 여유가 있어도 낭비(浪費)하는 것은 악행(惡行)이라 했습니다.

## July | 19
# 목적론적필연성 目的論的必然性

💗 **목요일**, 목적론적필연성(目的論的必然性)이란 목적과 수단의 필연적 관계를 말합니다.

⭐ 지붕이 튼튼하면 비가 새지 않듯 잘 다스려진 마음에는 탐욕(貪慾)이 스며들지 못합니다.

🍀 책을 아무리 많이 읽어도 행동(行動)으로 옮기지 않으면 책망(責望)을 듣게 됩니다.

# 7 July | 20
# 금색존자 金色尊者

❤️ 금요일, 금색존자(金色尊者)란 부처님의 10대제자 중 한 사람인 마하가섭의 별칭(別稱)입니다.

⭐ 부주의(不注意)한 말 한 마디가 파괴(破壞)의 씨가 되어 절망(絶望)이란 기름을 붓고, 따뜻한 말 한 마디는 소망(所望)의 뿌리가 되어 열정(熱情)이란 불씨를 당깁니다.

🍀 몰라서 묻는 것은 일시적인 창피(猖披)지만, 몰라도 묻지 않으면 평생 창피(平生猖披)입니다.

# 7 July | 21
## 토포 討捕

♥ **토요일**, 토포(討捕)란 각 진영의 도둑을 잡는 일 즉 암행어사(暗行御史)를 말합니다.

⊛ 만남에 있어서 물과 소금 같은 만남이 가장 아름다운 만남이며 고귀한 만남입니다. 이 고귀한 만남은 서로의 빈자리를 채워줍니다.
만남이 싱거우면 소금이 되어주고, 만남이 짜면 물이 되어 서로의 영혼(靈魂)까지 채워주는 아름다움이 바로 물과 소금 같은 만남입니다.

♣ 세상(世上)에서 제일 시원한 바람은 긍정적(肯定的)인 마음에서 불어오는 '신바람'입니다.

# 7 July | 22
## 일목장군 一目將軍

❤️ **일요일**, 일목장군(一目將軍)이란 애꾸를 조롱하는 말입니다.

⭐ 마음이 허전한 것은 욕심 때문입니다. 채우려는 생각을 버리십시오. 채우려는 생각을 버리면 허전함도 사라집니다.

🍀 진심(眞心)으로 뉘우친 자(者)에게는 과거(過去)의 죄(罪)를 묻지 말아야 합니다. 진심으로 뉘우친 자는 이미 거룩한 사람이니까요.

# 7 July | 23
# 월각 月脚

❤️ **월요일**, 월각(月脚)이란 아래로 비치는 달빛을 다리에 비유하여 이르는 말입니다.

⭐ 일본의 우리나라 침략 횟수
- 신라시대 : 20회 (삼국사기)
- 고려시대 : 515회 (고려사)
- 조선시대 : 178회 (조선왕조실록)

- 1910~1945년 : (35년간 억압 침탈)
- 2019년 : 경제침략
- 총 715회 침략하였지만 우리는 일본을 용서해야 합니다. 왜?
  용서(容恕)는 하느님의 전문이고, 침략(侵略)은 사악한 인간의 전문이기 때문입니다.

🍀 죽음의 공포(恐怖)보다 강한 것은 사랑의 감정(感情)입니다.

# 7 July | 24
## 화주 化主

❤️ **화요일**, 화주(化主)란 부처님, 예수님, 공자님 같은 높은 성인(聖人)을 가리키는 말입니다.

⭐ 마음의 감기(感氣)를 두고 어떤 사람은 시련(試鍊)이라고 하고 또 어떤 사람은 우울증(憂鬱症)이라고 합니다.
마음의 감기는 마음으로 안아주면 저절로 치유가 됩니다.

🍀 오늘 일을 내일로 미루지 마십시오.
오늘과 내일은 족보(族譜)가 다릅니다.

# 7 July | 25
## 수용 受容

❤️ **수요일**, 수용(受容)이란 상대를 있는 그대로 받아들이는 것을 말합니다.

⭐ 미소(微笑)는 우정(友情)의 다른 표현입니다. 피곤한 사람에겐 휴식이 되고, 슬픔에 빠진 사람에겐 위안의 빛이 되고, 찡그린 사람에게는 해독제가 되니까요.

🍀 근심, 걱정, 고민은 아름다운 얼굴을 빼앗아가는 날강도입니다

# 7 July | 26
# 목친 睦親

💗 **목요일**, 목친(睦親)이란 서로 친하고 화목(和睦)하다는 뜻입니다.

⭐ 사람의 관계는, 우연(偶然)은 1%이고 노력(努力)이 99%입니다. 아무리 좋은 인연도 서로의 노력 없이는 오래갈 수 없고, 아무리 나쁜 인연도 서로가 노력하면 좋은 인연이 됩니다.

🍀 서양 격언(格言)에 의하면 아무리 게으른 여자일지라도 혓바닥만은 게으름을 피우지 않는다고 했습니다. 서양격언을 미투 고발합시다.(ㅎ, ㅋ)

## 7 July | 27
# 금인헌장 金印憲章

♥ **금요일**, 금인헌장(金印憲章)이란 1356년 로마 황제인 카를 4세가 공포한 제국 법령으로 금인칙서(金印勅書)라고도 합니다. 칙서의 중요성을 나타내기 위해 금으로 만든 인새(印璽)로 칙서를 승인한데서 비롯되었습니다.

⭐ **비빔밥의 유래**

동신제(洞神祭), 산신제(山神祭) 그리고 조상의 제사를 지낸 후 음식을 빠짐없이 음복(飮福)하기 위해 큰 대접에 여러 가지 제찬을 섞어 비벼 먹던 것에서 유래되었습니다.

🍀 기다림은 희망의 다른 이름입니다.

# 7 July | 28
## 토습 討襲

❤️ **토요일**, 토습(討襲)이란 적을 갑작스럽게 쳐 없애는 것을 말합니다.

⭐ 지구의 모든 생명체는 낮에는 태양의 에너지를 밤에는 달의 에너지를 받고 살아갑니다. 해와 달의 빛 에너지가 농축된 미네랄의 결정체(結晶體)가 소금입니다. 인간이 그렇게도 찾아 헤매던 불로초가 바로 소금이었습니다.

🍀 겸손(謙遜) 뒤에는 참된 행복이 깃들어 있습니다. 그래서 우리는 겸손을 주고 행복을 사옵니다.

# 7 July | 29
# 일련탁생 一蓮托生

❤️ **일요일**, 일련탁생(一蓮托生)이란 죽은 뒤에 극락정토에서 같은 연꽃 위에 같이 태어난다는 뜻입니다.

⭐ 말의 무면허(無免許) 운전자(運轉者)들이 하는 일방적인 말은 또 다른 폭력(暴力)입니다. 또는 자신의 주장과 자신의 생각만 떠벌리는 것은 대화가 아니라, 상대방에 대한 정신적(精神的) 고문(拷問)이자 말의 쓰레기를 쏟아 붓는 것과 같습니다.

🍀 믿음을 받는다는 것은 사랑을 받는 것보다 더 큰 영광(榮光)입니다.

# 7 July | 30
## 월화 月華

💗 **월요일**, 월화(月華)란 달빛의 또 다른 이름입니다.

⭐ 심리학자들은
행운(幸運)은 최선을 다한 사람들에게 찾아온다고 하여 이것을 '세렌디피티'의 법칙이라고 합니다.
세렌디피티의 법칙이란 '준비된 자에게 찾아오는 우연(偶然)'을 말합니다.

🍀 대화(對話)는 상대방을 스승이라고 인정(認定)할 때부터 시작됩니다.

# 7 July | 31
# 화도 畵道

❤️ **화요일**, 화도(畵道)란 그림을 그리는 올바른 길을 말합니다.

⭐ 사회생활(社會生活)에서 가장 힘든 것은 일이 아니라 인간관계(人間關係)입니다.
그래서 불교에서는 이 세상을 사바(娑婆), 즉 괴로움이 많은 인간 세계라고 합니다.
사바는 산스크리트 Saha에서 유래하였습니다.

🍀 긍정적(肯定的)인 말은 세상의 모든 고민을 해결하고, 꿈을 구현하는 영양소입니다.

# August | 01
## 수와 守蛙

● **수요일**, 수와(守蛙)란 개구리를 말합니다.

★ 아버지 부(夫)는 도끼 부(斧)에서 파생 되었습니다. 아버지는 처자식의 안녕과 배고픔을 해결하기 위해 도끼로 열심히 싸우고 사냥을 해야 한다는 의미입니다.

🍀 인간(人間)은 신(神)의 비밀(祕密)이고, 힘은 남자의 비밀이며, 성(性)은 여자의 비밀입니다.

August | 02

# 목면공 木綿公

● **목요일**, 목면공(木綿公)이란 목화(木花)를 가져다 퍼뜨린 문익점에 대한 높임말입니다.

⭐ 애정 없이 사는 것은 돼지를 기르는 것과 같고, 사랑만 하고 공경(恭敬)하는 마음이 없는 것은 애완견(愛玩犬)을 기르는 것과 같습니다.

🍀 세치의 혀는 싸우지 않고 이길 수 있는 최상(最上)의 무기(武器)입니다.

# August | 03
## 금휘 琴徽

❤️ **금요일**, 금휘(琴徽)란 기러기발을 말합니다.

⭐ **[보이콧]이란 말의 탄생**

1879년 아일랜드에 큰 흉년이 들어 농민들은 농장주인 찰스 보이콧을 찾아가 토지세를 내려 줄 것을 간청하였지만 보이콧이 일언지하에 거절하자 농민들은 당시 자신들의 지도자였던 찰스 스튜어트 파넬의 말대로 보이콧을 무시하는 작전으로 일괄하였고, 결국 보이콧은 농민들에 의해 자신의 땅에서 쫓겨났습니다.
보이콧이란 말은 이렇게 해서 탄생했습니다.

🍀 멀리 있는 물로는 발등의 불을 끄지 못합니다.
(지금 현재 곁에 있는 사람이 최고입니다)

#  August | 04
# 토력 土力

❤️ **토요일**, 토력(土力)이란 식물(植物)을 기르는 땅의 힘을 말합니다.

⭐ 한(漢)나라 무제 때 이광리 장군 휘하에서 흉노 토벌에 나섰던 조충국(당시 70세)에게 한 무제가 어떤 전략이 좋은지, 군사는 얼마 있으면 족 하겠는가라고 묻자, 조충국 왈 '백문 불여일견(百聞 不如一見)입니다' 라고 하였고 여기서 '백문 불여일견'이란 성어가 탄생하였습니다.

🍀 들판의 잡초(雜草)는 뽑아 없애면 되지만 사람의 머릿속에 돋아난 잡초는 긍정(肯定)이라는 거름을 주면 됩니다.

# August | 05
# 일궤십기 一饋十起

- ❤️ **일요일**, 일궤십기(一饋十起)란 인재(人材)를 씀에 있어 정성을 다한다는 뜻입니다.

- ⭐ 동양 역사서의 근간이자 인간학의 보고인 사마천의 사기(史記)는 아직 종이가 없던 시절에 죽간(竹簡)과 목간(木簡)에다 52만6,500자 130권에 이르는 방대한 기록을 칼로 새기고 옻을 칠해서 만든 책입니다. 사마천은 친구 이릉 장군을 변호하다가 한 무제의 미움을 받아 궁형(宮刑, 죄인의 생식기를 자르는 형벌)을 당한 후에도 굴하지 않고 마침내 '사기'를 편찬하였습니다.

- 🍀 송나라 대 정치가 왕안석은 권학문(勸學文)에서, 글을 읽는 것은 인생(人生)을 소비(消費)하는 것이 아니라, 수많은 이익(利益)을 가져온다고 했습니다.

# 월길 月吉

### August | 06

♥ **월요일**, 월길(月吉)이란 매달 초하룻날을 말합니다.

★ 비교(比較)는 인생을 가시밭길로 몰아넣는 주범(主犯)입니다.
타인과의 끊임없는 비교는 자신의 영혼(靈魂)이 갉아 먹혀 주체적인 삶이 아니라 타인(他人)의 삶에 휘둘러 마침내 들러리 인생이 되어 버리고 맙니다.

🍀 우물의 깊이는 돌멩이 하나를 던져보면 알고, 마음의 깊이는 사람이 던지는 말 한 마디로 알 수 있습니다

# 8 August | 07
## 화자 火者

❤️ **화요일**, 화자(火者)란 생식기(生殖器)가 불완전(不完全)한 사내를 일컫는 말입니다.

⭐ 할 수 있을까 생각하면 걱정이 되지만, 할 수 있다고 믿으면 용기(勇氣)가 됩니다. 희망(希望)이 없다고 생각하면 절망감(絶望感)에 빠지지만 희망은 있다라고 믿으면 방법이 보입니다.

🍀 주위 환경은 당신의 마음입니다. 주위를 깨끗이 하다보면 마음까지도 정리정돈(整理整頓)이 되니까요.

## 수고 水鼓

♥ 수요일, 수고(水鼓)란 물장구를 말합니다.

★ 일본인들은 러일전쟁의 영웅 도고 헤이치로를 세계 제일의 해군제독으로 치켜세웠지만, 정작 본인은 "나를 영국의 넬슨에 비할 수는 있지만 조선의 이순신에 비할 수는 없습니다. 이순신을 장군에 비하면 나는 하사관에 불과 합니다"라고 했습니다.

🍀 현대(現代) 경영학(經營學)의 아버지로 불리는 피터 드리커는 지식(知識)이나 능력(能力)을 인격(人格) 앞에 내세우는 자는 결코 남들 위에 설 수 없다고 하였습니다.

# 8 August | 09
# 목은집 牧隱集

❤️ **목요일**, 목은집(牧隱集)은 고려 말(末)의 학자 이색(李穡)이 지은 시문집입니다.

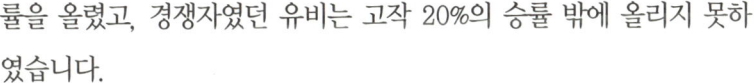

⭐ 조조는 뛰어난 재능으로 삼국시대를 빛낸 인물입니다.
평생 30여 회의 전쟁에서 80%의 승률을 올렸고, 경쟁자였던 유비는 고작 20%의 승률 밖에 올리지 못하였습니다.
우리가 조조에게 배워야 할 것은
- 조조는 싸움에 앞서 상대에 대한 연구를 철저히 하고 난 후 정석에 따라 싸움을 하여 승리로 이끌었고
- 몇 번의 치명적인 패배를 하였지만 결코 같은 실수를 반복하지 않았으며
- 승산이 없는 싸움은 재빨리 퇴각하여 불필요한 손해를 줄였습니다.

🍀 계획(計劃)을 세우지 않는 것은 실패(失敗)를 계획하는 것입니다.

## 금서 禁書

❤️ 금요일, 금서(禁書)란 읽지 못하도록 금(禁)하는 책을 말합니다.

⭐ 일본과의 경제 전쟁 걱정하지 마십시오.
지혜(智慧)의 눈으로 보면 불행(不幸)은 희망(希望)의 시작입니다. 마음을 다잡아 다시 시작하면 한 순간 일어섭니다. 진짜 걱정해야 할 일은 국민들이 일본상품에 불매운동이 한창인데 일식집을 드나들며, 술에 취해 약 5조8천억원의 추경안을 심의하는 국개의원(國犬議員)들이 더 걱정입니다. 이런 분들을 앞장 세워서는 국가(國家)의 희망(希望)이 절벽(絶壁)이라는 사실을 명심해야 합니다.

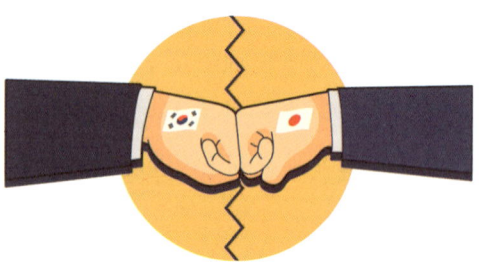

🍀 하루가 저무는 것처럼 고민(苦悶)도 걱정도 저녁과 함께 저물어 갔으면 참 좋겠습니다.

# 8 August | 11
# 토가언여설 吐佳言如屑

❤️ **토요일**, 토가언여설(吐佳言如屑)이란 나무를 켤 때 톱밥이 나오듯이, 말을 술술 잘하는 것을 말합니다.

⭐ 순자는 권학편(勸學篇)에서, '학문은 끝이 없는 것이니 쉬지 말고 배워야 한다며 「청출어람이청어람(靑出於藍而靑於藍)」 푸른빛은 쪽빛에서 나왔지만 쪽빛보다 더 푸르고, 「빙수위지이한우수(氷水爲之而寒于水)」 얼음은 물이 얼어서 이루어졌지만 물보다 더 차다고 하면서 배움을 권하고 있습니다. 여기서 빙한우수(氷寒于水)란 성어가 탄생하였습니다.

🍀 쓰러짐을 부끄러워하지 마십시오.
남을 탓 하면서 스스로 일어서려고 노력하지 않음을 부끄러워해야 합니다.

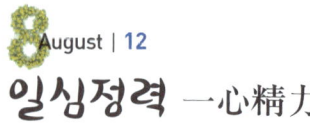

# 일심정력 一心精力

💟 **일요일**, 일심정력(一心精力)이란 오직 한 가지 일에만 온 정력을 쏟는다는 뜻입니다.

⭐ 믿을 신(信)자는 사람 인(人)과 말씀 언(言)이 합쳐진 것으로 사람의 말에는 신뢰가 있어야 한다는 뜻입니다.

🍀 실망(失望)하지 마십시오.
실망이라는 고통의 무게는 바로 당신이 이루어야 할 꿈의 무게입니다.

# 8 August | 13
## 월파 越波

❤️ **월요일**, 월파(越波)란 제방을 넘어서 흐르는 물결을 말합니다.

⭐ 한 시대를 풍미했던 황진이와 조선의 명문장가 양곡 소세양의 만남, 소세양이 황진이에게 榴(석류나무 류)자 한 글자를 써서 연서(戀書)로 보내자, 황진이는 漁(고기잡을 어)자 한 글자로 답신을 하였습니다. 소양곡이 황진이에게 보낸 〈석류나무 류〉자를 한자로 쓰면 '碩儒那無遊' 즉, 큰 선비가 여기에 있으니 함께 놀아 보자는 뜻이고, 황진이가 보낸 〈고기잡을 어〉자를 한자로 쓰면 '高妓自不語', 고귀한 기생은 스스로 먹히지 않으니 같이 있고 싶으면 당신이 오세요. 라는 뜻이 됩니다. 이렇게 해서 두 사람은 榴자와 漁자로 만나 사랑에 빠졌던 것입니다.

🍀 꿈은 꾸는 것이 아니라 도전(挑戰)하는 것입니다.

## 화풍감우 和風甘雨

August | 14

♥ , 화풍감우(和風甘雨)란 부드러운 바람이 불고 단비가 내린다는 뜻입니다.

★ 일이 재미가 나서 못 견딜 정도가 아니면 성공할 수 없습니다. 근면은 성공의 문을 여는 유일한 열쇠니까요.

🍀 항상 미소(微笑)를 잃지 마십시오.
미소는 말(言) 이상의 웅변입니다.

# August | 15
## 수방취원 隨方就圓

❤ 수요일, 수방취원(隨方就圓)이란 다방면(多方面)으로 재주가 있어 무엇이든지 잘한다는 뜻입니다.

⭐ 개가 사람에게 귀염을 받는 이유는 주인(主人)을 보면 진심(眞心)으로 좋아 하기 때문에 귀여움을 받습니다.
누군가에게 사랑 받고 싶으면 진심을 다해 좋아 하십시오.

🍀 사랑은 사람을 치료(治療)합니다.
　받는 사람
　주는 사람
　모두에게 행복(幸福)을 가져다주니까요.

# August | 16
## 목이 木異

❤️ **목요일**, 목이(木異)란 나무에서 일어나는 특이한 변고(變故)를 말합니다.

⭐ 인생의 3가지 중요한 선택
　첫째　직업(職業)
　둘째　배우자(配偶者)
　셋째　인생관(人生觀)

🍀 예의범절(禮儀凡節)은 나는 당신의 중요성을 인정한다는 표현(表現)입니다. 예의범절이 없다는 것은 상대를 무시한다는 것입니다.

## 금성옥진 金聲玉振

❤️ **금요일**, 금성옥진(金聲玉振)이란 재주와 지혜, 인덕을 충분히 갖추고 있음을 비유한 말입니다.

⭐ 육체(肉體)의 생존(生存)을 위해서는 음식물이 필요하고, 정신적(精神的) 생존(生存)을 위해서는 존경, 감사, 배려, 사랑이라는 따뜻한 마음의 음식물이 필수적입니다.

🍀 미국의 강철왕 카네기의 묘비명(墓碑銘)
"나보다 뛰어난 사람들의 협력을 얻은 천재가 여기 잠들다"라고 적혀있습니다.

# 8 August | 18
# 토맥 土脈

❤️ , 토맥(土脈)이란 지맥(地脈)과 같은 말로 땅의 정기가 순환하는 줄기를 말합니다.

⭐ 골목에서 개를 만나면 사람이 다니는 길이라고 권리(權利)를 주장해서 물리치기보다는 개에게 길을 양보하는 것이 현명한 처사입니다.

🍀 일과 돈, 사랑에 문제가 있을 때는 가슴으로 돌아가십시오. 사랑과 진심을 알고 있는 가슴은 당신을 지혜(知慧)의 문(門)으로 안내할 것입니다.

## 일백 一白

● **일요일**, 일백(一白)이란 음양가(陰陽家)에서 수성(水星)을 일컫는 말입니다.

★ 현대 경영학의 거목 피터 드러커는 90세의 나이에 『21세기 경영 도전』을 저술했고, 제너럴 일렉트릭 등 수많은 미국 기업들을 키워 미국을 세계 제일의 경제대국(經濟大國)으로 만드는 데 이바지하였습니다.
노벨 문학상 수상작가 알렉산더 솔제니친은 이런 사람들을 가리켜 "위대한 학자를 가진 나라는 훌륭한 정부(政府)를 하나 더 가졌다고" 말했습니다.

🍀 소금은 변(變)하지 않는 성질(性質)을 지니고 있어서 우리 조상들은 계약을 맺거나 충성을 맹세하는 과정에서 항상 소금을 징표(徵標)로 사용하였습니다.

# August | 20
## 월운 月暈

♥ **월요일**, 월운(月暈)이란 달무리를 말합니다.

⭐ 걸레는 외형적(外形的)으로 보면 비천(卑賤)하기 그지없지만 내면적(內面的)인 안목에서 보면 숭고(崇高)한 것입니다.
왜냐하면 걸레는 자신의 속살까지 헐어 다른 사물에 묻어있는 더러운 모든 것을 깨끗하게 닦아 주니까요. 그리고 누구를 이해하고 용서(容恕)한다는 것은 자기 자신이 걸레가 되기를 선택한 숭고한 마음입니다.

🍀 마음이 맑아야 삶도 맑아집니다.

**August | 21**

# 화합물 化合物

♥ **화요일**, 화합물(化合物)이란 둘 이상(以上)의 서로 다른 물질이 결합하여 이루어진 물질을 말합니다.

⭐ 이해(理解)의 나무에는 사랑의 열매가 열리고, 오해(誤解)의 잡초에는 증오(憎惡)의 가시가 돋아납니다.

🍀 입에 보초(步哨)를 세웁시다.
가벼운 혀는 만 가지 화(禍)를 불러오니 출입(出入)하지 못하도록 말입니다.

# 8 August | 22
## 수녀 須女

♥ , 수녀(須女)란 베와 비단에 관한 일을 맡은 별을 말합니다.

⭐ 친구를 보면 그 사람을 알 수 있다고 했습니다. 왜냐하면 가족은 하늘이 정한 인연이지만 친구는 내가 정한 가족이기 때문입니다.

🍀 남의 말 듣기 좋아하는 재능(才能)은 어떤 재능보다 훌륭한 재능입니다.

August | 23

## 목행 木行

❤️ **목요일**, 목행(木行)이란 오행(五行)중의 하나로 방위(方位)는 동쪽, 계절은 봄, 색(色)으로는 청색을 말합니다.

⭐ 식혜나 고추장을 만들 때 들어가는 '엿기름'의 기름은 동사 '기르다'에 '음'이 붙은 것으로, 보리에 물을 주어 기른 다음 말린 것을 말합니다.

🍀 웃는 시간을 많이 가지십시오.
　웃음은 영혼(靈魂)을 살찌우는 아름다운 음악(音樂)입니다.

# 금석지책 金石之策

❤ 금요일, 금석지책(金石之策)이란 가장 훌륭하고 안전한 계책(計策)을 말합니다.

⭐ 소굴대신(小屈大伸)이란 조금 굽힘으로써 크게 편다는 뜻으로, 작은 일에 굽힐 수 있어야 크게 떨칠 수 있다는 것을 말합니다.

🍀 칭찬(稱讚)은 마법(魔法)의 약(藥)입니다.
모든 창조물들은 칭찬을 받음으로써 기뻐하니까요.

August | 25

# 토식 討食

❤️ **토요일**, 토식(討食)이란 음식을 억지로 달라하여 먹는 것을 말합니다.

⭐ **적당한 거리의 법칙**

나무와 나무 사이에도 적당한 거리가 필요합니다.
너무 가까이 붙어 있으면 튼튼하게 자랄 수 없습니다.
고슴도치와 고슴도치 사이에도 적당한 거리가 필요합니다.
너무 가까이 붙어 있으면 뾰족한 가시 때문에 서로 상처를 주게 됩니다.
사람도 마찬가지로 적당한 거리가 필요합니다.
서로 그리워할 만큼의 거리
서로 이해(理解)할 수 있을 만큼의 거리
서로 소유(所有)하지 않고 자유(自由)를 줄 수 있는 거리
서로 불신(不信)하지 않고 신뢰(信賴)할 수 있는 거리
그 거리를 유지해야만 관계가 더
오래 지속 될 수 있습니다.

🍀 무관심(無關心)처럼 지독한
   거절은 없답니다.

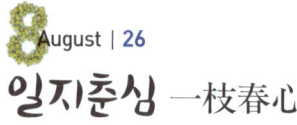

# 일지춘심 一枝春心

♥ **일요일**, 일지춘심(一枝春心)이란 나뭇가지에 깃든 봄이라는 뜻입니다.

☆ '너 자신을 알라'는 말은 소크라테스의 말이 아니라 원래 델포이의 신전 입구에 새겨져 있었던 말을 소크라테스가 인용한 것입니다.

🍀 손이 커도 베풀 줄 모른다면 미덕(美德)의 수치(羞恥)요, 발이 넓어도 머무를 곳이 없다면 부덕(不德)의 소치(所致)입니다.

# 월리스 거인 꿀벌

♥ **월요일**, 월리스 거인 꿀벌은 지구상에서 가장 큰 벌로서 암컷은 몸길이가 38mm나 됩니다.

⭐ 진시황제는 진나라 장양왕(자초)의 아들이 아니라 거상 여불위의 애첩 조희가 낳은 아들로 진시황의 생부가 여불위라고 사기「여불위전」에 기록되어 있지만 사실인지는 논란의 여지가 많습니다.
여불위는 낚시로 세월을 낚은 여상 강태공의 후손으로, 정(진시황)이 왕위에 오르자 그는 "돈이면 천하(天下)도 살 수 있다"는 유명한 말을 남기기도 했습니다.

🍀 상대방의 이야기를 진지(眞摯)하게 열심히 듣는 것이 상대에 대한 최고(最高)의 찬사(讚辭)이자 예의(禮義)입니다.

## 8 August | 28
# 화약언초 化若偃草

❤️ **화요일**, 화약언초(化若偃草)란 풀은 바람 부는 방향으로 쓰러져 눕는다는 뜻으로, 백성은 어진 군주의 교화(敎化)를 따른다는 것입니다.

⭐ 타인(他人)의 시선을 걱정하고 의식하며 살아가는 것은 자신(自身)의 인생(人生)을 사는 것이 아니라 타인의 인생을 사는 것이라 했습니다.

🍀 남편(男便)이 밖에서 술타령하는 것은 집에 들어가는 것이 지옥(地獄)처럼 느껴지기 때문입니다.

# August | 29
## 수득수실 誰得誰失

❤️ 수요일, 수득수실(誰得誰失)이란 얻고 잃음이 확실하지 않다는 뜻입니다.

⭐ 칭찬(稱讚)을 해주면 사람이든 동물이든 무조건 좋아 합니다.
열 살쯤 되어 보이는 소년의 꿈은 훌륭한 성악가(聲樂家)가 되는 것이었습니다. 그러나 그의 선생님은 "네 목소리는 바람에 끽끽거리는 문빗장 소리와 같기 때문에 성악이란 어울리지 않는다"고 핀잔을 주었지만 그의 어머니는 아들을 꼭 껴안고 진심(眞心)으로 격려(激勵)하면서 "너는 반드시 훌륭한 성악가가 될 거야, 점점 좋아지고 있잖니?" 어머니의 이런 칭찬과 격려가 소년의 인생을 바꾸어 놓았습니다.

그 소년이 바로 이탈리아의 세계적인 테너 가수 카루소입니다.

🍀 삶은 마음이 이끄는 데로 결정(決定)됩니다.

## 목화 木畵

❤️ **목요일**, 목화(木畵)란 자개, 상아, 수정, 금, 은, 진주 등을 재료로 목공품의 표면에 상감(象嵌)하여 여러 가지 무늬를 만드는 공예 기술을 말합니다.

⭐ 행복(幸福)이 돈을 불러오는 것이지 돈이 행복을 불러오는 것이 아닙니다. 그래서 돈을 좇으면 행복은 멀어지고 불행(不幸)은 가까워집니다.

🍀 우리가 살면서 비워야 할 것은 뱃속의 찌꺼기보다 탐욕(貪慾)으로 가득 찬 마음의 찌꺼기입니다.

## 금도 襟度

❤️ **금요일**, 금도(襟度)란 남을 용납(容納)할만한 넓은 마음을 말합니다.

⭐ 개가 잘 짖는다고 해서 명견(名犬)이 아니듯 사람이 말 잘 한다고 해서 성인군자(聖人君子)가 아닙니다.

불교에서는 입을 놀려 짓는 죄를 구업(口業)이라 합니다. 말로 지은 죄(口業)는 언젠가는 그 값을 치르게 되어 있으니 구업을 짓지 맙시다.

🍀 기다린다는 것은 모든 것을 다 받아들이겠다는 넓은 마음의 표현(表現)입니다.

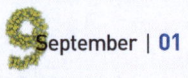September | 01
# 토당귀 土當歸

♥ **토요일**, 토당귀(土當歸)란 땅 두릅을 말합니다.

⭐ 위기(危機)가 없다면 기회(機會)는 모습을 드러내지 않습니다. 기회 속에는 늘 새로운 위기가 도사리고 있습니다. 위기는 기회가 사는 집이고 기회는 위기를 기르는 자식입니다.

🍀 '무식(無識)한 귀신(鬼神)은 부적(符籍)도 몰라본다'라는 우리 속담이 있습니다. 바로 무식의 극치를 뜻합니다.

# September | 02
# 일부시종 一部始終

💗 **일요일**, 일부시종(一部始終)이란 일의 처음부터 끝까지 모든 사정을 말합니다.

⭐ 안중근 의사의 성지 다이린지(大林寺), 일본 미야기현에 있는 대림사에서는 매년 안중근 의사 탄신일(9월 2일) 즈음 주말에, 안중근의사 추모법요제(追慕法要祭)가 열립니다.
대림사의 주지스님인 사이토타이겐은 여순 감옥에서 안중근 의사를 감시하던 간수 지바 도시치와 안중근 의사의 위패(位牌)를 대림사에 같이 모셨습니다. 그 이유는 지바 도시치가 안중근 의사를 너무나 존경하고 숭배하는 마음에 감동을 받았기 때문입니다. 그리고 일본 우익(右翼)들의 수많은 살해 협박에도 굴하지 않고 두 분의 위패를 같이 모셨다고 합니다.

🍀 꿈은 있는데 꿈을 달성(達成)하지 못하는 것은 행동할 용기가 없기 때문입니다.

### September | 03
# 월천 越川

♥ , 월천(越川)국이란 국물은 많고 건더기가 없는 맛없는 국을 말합니다.

⭐ **담배로 배우는 인생 1**
- 새마을을 피우면서 부지런해야 잘 살수 있다는 법을 알았고
- 환희를 피우면서 기쁨이 무엇인지 깨달았습니다.

🍀 스파(SPA)란 라틴어로 물을 통해 건강을 얻는다는 뜻입니다.

# September | 04
# 화색박두 禍色迫頭

♥ **화요일**, 화색박두(禍色迫頭)란 재앙(災殃)이 바로 앞에 있다는 뜻입니다.

⭐ 담배로 배우는 인생 2
- 청자와 백자를 피우면서 골동품에 대한 소중함을 알았고
- 거북선과 한산도를 피우면서 조상의 애국애족 정신을 배웠습니다.

🍀 인간관계(人間關係)를 회복하는 데는 뭐니 뭐니 해도 머니(Money)가 최고입니다.

### September | 05
# 수염여극 鬚髥女戟

, 수염여극(鬚髥女戟)이란 용모가 당당한 남자를 말합니다.

⭐ 담배로 배우는 인생 3
- 88을 피우면서 숭고한 올림픽 정신을 배웠고
- 하나로를 피우면서 민족의 단결심이 중요하다는 것을 깨달았습니다.

🍀 수많은 세월(歲月)이 흘러도 고향(故鄕)을 그리워하는 것은 고향의 산천초목은 숲과 나무와 흙이 아니라 사람이기 때문입니다.

## September | 06
# 목사 牧舍

❤️ **목요일**, 목사(牧舍)란 집짐승을 기르려고 지은 집을 말합니다.

⭐ **담배로 배우는 인생 4**
- 한라산과 솔을 피우면서 자연의 숭고함을 알았고
- 라일락과 장미를 피우면서 꽃의 소중함을 생각하게 되었습니다.

🍀 사람의 마음은 신경전달 물질로 이루어져 있습니다. 그래서 우리의 온 몸은 곧 마음입니다.

### September | 07
# 금옥지중 金玉之重

♥ 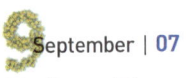, 금옥지중(金玉之重)이란 매우 중요하다는 뜻입니다.

☆ 담배로 배우는 인생 5
- 시나브로를 피우면서 우리말의 소중함을 알았고
- THIS와 GET2를 피우면서 영어를 배웠습니다.

♣ 결혼(結婚)은 연애(戀愛)의 무덤이 아니라 또 다른 연애의 시작입니다.

#  September | 08
# 토평 討平

💗 **토요일**, 토평(討平)이란 무력으로 쳐서 평정하는 것을 말합니다.

⭐ 담배로 배우는 인생 6
- 엑스포를 피우면서 과학의 위대함을 알았고
- TIME을 피우면서 시간의 소중함을 깨우쳤습니다.

🍀 산은 오르는 것이 아니라 들어가는 것입니다. 오르면 정복이지만 들어가면 자연과 하나가 되는 것입니다.

### September | 09
# 일개서생 一介書生

❤️ 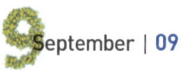, 일개서생(一介書生)이란 책만 읽을 뿐 아무 쓸모도 없는 사람을 말합니다.

⭐ 담배로 배우는 인생 7
- 태양을 피우면서 우주의 신비를 배웠고
- RICH를 피우면서 부자가 되어 가난한 이웃을 돕겠다고 다짐했습니다.

🍀 생각으로 사는 것이 아니라 행동으로 살아야 꿈이 이루어집니다.

# 9 September | 10
# 월자 月子

♥ **월요일**, 월자(月子)란 여자들이 머리숱을 많아 보이게 하려고 덧넣어 땋은 머리를 말합니다.

⭐ 생각은 현실의 씨앗이고, 절망은 희망의 뿌리이며, 실패는 기회의 줄기이고, 한계는 비전의 잎입니다.
끝까지 인내해야만 꽃을 피울 수 있고 꽃이 져야 열매를 맺을 수 있습니다.
인생의 목적은 바로 행복한 열매를 맺는 삶입니다.

🍀 악(惡)으로 모은 재산은 악(惡)으로 망합니다.

**September | 11**

# 화적 畵籍

♥ , 화적(畵籍)이란 주역(周易)을 풀이하여 그 형상을 그림으로 그린 책을 말합니다.

☆ 나무가 나무를 안으면 숲이 되고, 숲이 숲을 안으면 큰 산이 되듯이 내가 너를 안으면 너와 나는 비로소 우리가 됩니다.

🍀 속옷 벗고 금가락지 낀다는 우리 속담(俗談)은 격(格)에 맞지 않는 겉치레는 오히려 보기 흉하다는 뜻입니다.

**September | 12**

# 수펑이 대가리

❤️ **수요일**, 수펑이 대가리란 머리카락이 뒤엉켜 있는 것을 말합니다.

⭐ 몸의 군살도 빼야하고 마음의 군살도 빼야 합니다.
몸의 군살은 신체(身體)를 위협하지만 마음의 군살은 정신(精神)을 갉아 먹어 생각을 둔화시키고 사리판단을 흐리게 합니다.
누구를 미워하고 증오하는 마음 그리고 분노, 의심, 불안, 근심걱정이 모두가 마음의 군살입니다.

🍀 산 속에 있는 열 놈의 도둑은 잡아도 제 마음 속에 있는 한 놈의 도둑은 잡지 못 한다고 합니다.

💙 감사합니다. 💙 고맙습니다. 💙 사랑합니다.

## 목축가 牧畜家

♥ **목요일**, 목축가(牧畜家)란 가축을 기르는 일을 업(業)으로 하는 사람을 말합니다.

⭐ 자동차를 정비(整備)하지 않으면 사고가 이어지듯 인생도 수시로 마음 정비를 하지 않으면 화(禍)라는 재앙(災殃)의 사고를 당하게 됩니다.

🍀 확실(確實)한 비밀(秘密)은 죽은 자만 지킬 수 있습니다.

# 금 金

● 금요일, 금(金) 방망이 우려먹듯 한다는 속담은 한 가지를 여러 번 이용한다는 뜻입니다.

⭐ 무신불립(無信不立)이라는 공자의 말이 생각나는 날입니다.
"지도층에 대한 믿음이 군사력이나 경제력보다 앞서야만 나라가 바로 선다"는 그 말씀.

🍀 사물(事物) 자체에는 본래 선(善)과 악(惡)이 없습니다. 다만 우리들의 생각에 따라 선과 악이 구별될 뿐입니다.

September | 15
# 토축 土築

💖 **토요일**, 토축(土築)이란 흙으로 쌓은 담을 말합니다.

⭐ 여성의 알몸 훔쳐보기 원조, 11세기 영국 코벤트리 지역에
레오프릭이란 욕심(慾心) 많은 성주가 주민들에게 과도한 세금을 거두자 17세의 아름다운 아내 고디바는 세금을 낮추어 줄 것을 애원하였고 이를 귀찮게 여긴 성주는 부인에게 알몸으로 말을 타고 마을을 한 바퀴 돌고 오면 세금을 낮추어 주겠다고 하자, 고디바는 고민 끝에 말을 타고 알몸으로 마을을 돌았습니다. 이때 백성들은 고디바의 아름다운 배려(配慮)를 눈치 채고 모두 문을 걸어 잠그고 바깥출입을 삼가 하였지만, 양복쟁이 톰(Tom)만은 호기심을 참지 못해 몰래 훔쳐보다가 벌을 받아 눈이 멀어졌답니다.

이러한 스토리로 인해 타인의 사생활을 몰래 훔쳐보는 관음증 환자(觀淫症 患者)를 'Peeping Tom'이라 부르게 되었고 관음증 환자를 가리키는 다른 영어는 'Voyeur'인데 한국말과 영어의 시공을 초월하여 발음이 '보여'로 들립니다.

🍀 행동(行動)하는 사람만이 자신의 운명(運命)을 지배합니다.

# September | 16
# 일거양실 一擧兩失

❤️ **일요일**, 일거양실(一擧兩失)이란 한 가지 일을 함으로써 두 가지의 일을 잃는다는 뜻입니다.

⭐ 고디바 초콜릿의 탄생은 세금을 낮추기 위해 알몸으로 말을 타고 마을을 돌았던 성주의 아내 고디바의 숭고한 정신을 기리기 위해 1926년 초콜릿의 장인인 요셉 드랍스가 벨기에의 수도 브뤼셀의 그랑플라스 광장 한 귀퉁이에 상점을 열면서 시작한 것이 세계 굴지의 명품 초콜릿 브랜드로 성장하였습니다.

🍀 포기(抛棄)는 아쉬운 결정(決定)이고, 내려놓음은 깊은 성찰의 결과에 따른 결정입니다.

**September | 17**

# 월경자 越境者

 , 월경자(越境者)란, 국경이나 경계선을 넘는 사람을 말합니다.

⭐ 인천의 송도(松島)란 이름은 원래 지명에서 온 것이 아니라 일제 강점기 때 청일전쟁과 러일전쟁에서 전공을 올린 일본군함의 이름 '송도(松島 마쓰시마)호'의 전공을 기념하기 위해 지은 이름입니다. 한반도에 대한 일본의 지배를 노골화한 치욕적인 지명입니다.

🍀 이빨 빠진 강아지 언 똥 먹으려고 덤빈다는 속담은 자격(資格)도 없는 자가 주제넘은 짓 한다는 뜻입니다.

September | 18

# 화안 花案

❤️ **화요일**, 화안(花案)이란 꽃을 꽂아 놓는 데 쓰는 탁자를 말합니다.

⭐ 대한민국 최초로 주민등록증이 발급된 캐릭터는 작가 이외수의 우화집 「외뿔」의 주인공이자 인간들에게 행운을 주는 아기도깨비 '몽도리(夢道里)'입니다.
성명: 몽도리(夢道里)
주소: 대한민국 강원도 춘천시 의암호
주민번호: 20010418_4334001
오프라인 父: 이외수
온라인 父: 천재(天帝, 하느님)

🍀 벼슬이 아무리 높아도 예의(禮儀)가 없으면 똥벼슬입니다.

**September | 19**

# 수학기 修學期

♥ , 수학기(修學期)란 학업을 닦는 시기를 말합니다.

✪ 변칙(變則)과 반칙(反則)을 상습적으로 자행하면서 국민의 혈세나 축내고 있는 자격미달의 정치인 여러분!
　당신들만 물러나면 대한민국은 즉시 선진국이 됩니다.

🍀 행복(幸福)과 사랑 속으로 걸어가면 인생의 모든 시간은 영원합니다.

# September | 20
## 목도 目睹

❤️ **목요일**, 목도(目睹)란 어떤 모습이나 장면을 눈으로 보는 것을 말합니다.

⭐ 비싼 여자가 되기 위해서는 남자의 머릿속에 '저 여자는 나 없이도 살 수 있지만, 난 저 여자 없으면 못 산다'는 생각을 갖게 해야 합니다.

🍀 아프리카 케냐에서는 플라스틱 빨대만 들고 있어도 벌금이 37,400달러, 우리 돈으로 약 4,000만원 또는 4년의 징역형을 받습니다.

## September | 21

# 금옥지세 金玉之世

♥ 금요일, 금옥지세(金玉之世)란 태평성대를 비유한 말입니다.

⭐ 「다 쓰고 죽어라」의 저자 스태판 폴란은 말했습니다.
"최고의 자산운용이란 성공을 과시하기 위해서 자기 재산을 트로피처럼 간직하는 것이 아니라 행복을 위하는 일에 쓸 줄 아는 것"이라고.
'다 쓰고 죽어'라는 말은 결국 후회 없이 살라는 말입니다.
몸도 마음도 정신도 다 쓰고 가라는 것입니다.

🍀 질서(秩序)는 으뜸가는 법률(法律)입니다.

## 토구지지 菟裘之地

💗 **토요일**, 토구지지(菟裘之地)란 벼슬을 버리고 숨어 사는 곳을 말합니다.

⭐ 탄금대의 유래
가야국의 궁중악사 우륵이 신라로 귀화 한 뒤, 이곳에서 가야금을 탔다고 해서 탄금대라 부르게 되었답니다.

🍀 의붓아버지 제삿날 미루듯 한다는 속담(俗談)은, 차일피일 약속을 미루는 사람을 두고 하는 말입니다.

# 일진회 一進會

♥ **일요일**, 일진회(一進會)의 맥고모자 같다는 우리 속담은 매우 더럽고 지저분하다는 뜻입니다.

★ 말은 귀소본능(歸巢本能)을 가지고 있습니다. 입 밖으로 나오는 순간 그냥 흩어지지 않고 귀와 몸으로 다시 스며듭니다.
사람의 입에서 태어난 말은 태어난 곳으로 되돌아가려는 연어들처럼 무의식적인 본능을 지니고 있습니다.

🍀 사람들 중에는 미세먼지보다 더 해로운 사람들도 있습니다. 국민들은 안중에도 없고 당리당략을 위해 입에 거품을 물고 송곳니 드러내는 정치인(政治人)이 그들 입니다.

# 9 September | 24
## 얼면 月面

♥ **월요일**, 월면(月面)이란 달처럼 환하게 잘 생긴 얼굴을 말합니다.

☆ 엘비스 프레슬리, 브루스 윌리스, 마릴린 먼로, 윈스터 처칠, 잭웰치 전 GE회장, 박찬욱 감독, 모델 변정수의 공통점은 한 때 심하게 말을 더듬었다는 것입니다.

🍀 변화(變化)하려면 웃어야 합니다.
   웃지 않으면 변화 할 수 없습니다.

## September | 25
## 화학부호 化學符號

♥ , 화학부호(化學符號)란 원소(元素)의 기호를 말합니다.

☆ 끈은 자르는 것이 아니라 푸는 것입니다.
묶인 포장의 끈을 자르면 쓰레기가 되지만 풀면 재활용으로 쓸 수 있으니까요.
인연도 잘라내기보다 풀어야 합니다. 얽히고설킨 삶의 매듭이 있다면 하나하나 풀어야 삶이 아름다워집니다.

🍀 남에게 상처 줄 수 있는 말은 삼가 해야 합니다. 상대는 아무렇지 않은 척해도 속으로는 울고 있습니다.

#  September | 26
# 수각류 獸脚類

❤️ 수요일, 수각류(獸脚類)란 날카로운 이빨과 발톱으로 무장한 육식공룡을 말합니다.

✪ 몸 옆에 둔 사람은 떠나면 그만이고 언젠가 떠날 사람입니다. 하지만 마음 옆에 둔 사람은 떠나는 것이 아니라 잠시 떨어져 있을 뿐이며 평생(平生) 떠나지 않을 사람입니다.
마음 옆에 둔 사람은 나도 아니고 너도 아닌 '우리'가 됩니다.

🍀 인생(人生)을 소풍 길로 만들기 위해서는 비우고 내려놓아야 합니다. 비우고 내려놓는 끝에는 행복(幸福)이 기다리고 있으니까요.

💙 감사합니다. 💙 고맙습니다. 💙 사랑합니다.

## 목면사 木綿絲

❤️ **목요일**, 목면사(木綿絲)란 솜을 자아 만든 무명실을 말합니다.

⭐ 물질(物質)의 빈곤이 우리를 불행하게 만드는 것이 아니라, 정신(精神)의 빈곤이 우리를 불행하게 만듭니다.

🍀 남의 불행은 나의 행복이라는 인간들이 늘어날수록 세상은 살벌해지고, 줄어들수록 세상은 평화(平和)로워집니다.

# 금독지행 禽犢之行

♥ **금요일**, 금독지행(禽犢之行)이란 새나 송아지의 행동이라는 뜻으로, 친척 사이에서 발생하는 음탕(淫蕩)한 짓을 말합니다.

⭐ 맹자가 말씀하시기를
 인간(人間)과 짐승의 차이점은, 염치(廉恥)를 모르면 짐승이고 염치를 알면 인간이라고 했습니다.

🍀 미덕(美德)은 아름다움보다 훨씬 더 아름답습니다.

September | 29

# 토강여유 吐剛茹柔

❤️ **토요일**, 토강여유(吐剛茹柔)란 딱딱한 것은 뱉고 부드러운 것은 삼킨다는 뜻으로 강(強)한 자는 두려워하고 약(弱)한 자는 업신여기는 것을 말합니다.

⭐ 숨을 쉬고 있다고 해서 다 살아 있는 것이 아닙니다.
숨을 쉰다는 것은 아직 땅에 묻어서는 안 된다는 의미일 뿐입니다.
숨 쉬는 인간이 아니라 삶을 사는 인간이 되어야 합니다.

🍀 심덕승명(心德勝命)이란
마음에 덕(德)을 쌓으면 운명(運命)도 바꿀 수 있다는 뜻입니다.

# 일주난지 一株難支

● **일요일**, 일주난지(一株難支)란 이미 기울진 대세(大勢)를 혼자서 감당할 수 없다는 뜻입니다.

✪ 조반니 보카치오의 데카메론은 르네상스 풍자문학의 보석입니다. 몬페르라토 후작이 섬기던 왕은 호색한이었습니다. 그는 몬페르라토 후작부인에게 흑심을 품자 후작부인은 꾀를 내어 왕의 식탁에 계속 암탉 요리만 올렸고, 똑같은 요리에 질린 왕이 왜 암탉 요리만 내어 놓느냐고 묻자 후작부인(侯爵夫人)은

"이제 아시겠죠 모든 암컷은 겉을 어떻게 꾸미든 속은 똑같습니다." 이 말을 들은 왕은 자신의 탐욕(貪慾)을 반성하게 되었다고 합니다.

🍀 이방 저방 다 다녀도 서방(書房)이 제일이란 말은 뭐니 뭐니 해도 남편이 최고라는 뜻입니다.

# 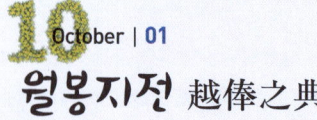 October | 01
# 월봉지전 越俸之典

♥ **월요일**, 월봉지전(越俸之典)이란 벼슬아치의 녹봉(祿俸)을 건너뛰거나 삭감(削減)하는 벌을 말합니다.

⭐ 아무리 부모가 '반 팔자'라고 하지만 자식들에게 공부만 시켜주면 되지 재산까지 남겨주는 것은 자식을 망치는 지름길이 될 수도 있습니다.

🍀 기도(祈禱)하고 반성하며 참회의 삶을 산다는 것은 내가 나를 이기려는 작업입니다.

# 10 October | 02
## 화표 華表

♥ **화요일**, 화표(華表)란 중국의 전통적인 건축 양식에서 사용되는 기둥을 말하며 묘 앞에 세우는 문을 뜻하기도 합니다.

☆ 피라미드를 만들려면 무수히 많은 돌이 필요합니다. 그러나 돌로만 만들어지는 것이 결코 아닙니다. 도전(挑戰)을 두려워하지 않는 마음과 긍정의 에너지가 피라미드를 만들어 낸 것입니다.

🍀 사람은 정(情)으로 사귀고, 귀신(鬼神)은 떡으로 사귄다고 했습니다.

#  October | 03
## 수공평장 垂拱平章

❤️ **수요일**, 수공평장(垂拱平章)이란 공평하고 광명정대(光明正大)한 정치를 말합니다.

⭐ 자동차(自動車) 매연(煤煙)은 육체(肉體)를 병들게 하지만 가짜뉴스는 영혼(靈魂)을 파괴(破壞)시킵니다. 가짜뉴스는 국가와 국민을 병들게 합니다. 대한민국 언론의 신뢰도가 세계 최하위를 기록 했는데도 언론이 가짜뉴스를 생산하는 이유가 무엇인지 묻지 않을 수 없습니다.

🍀 약속(約束)을 이행하지 않는 것은 실패의 지렛대입니다.

# 10 October | 04
# 목계양도 木鷄養到

❤️ **목요일**, 목계양도(木鷄養到)란 수양이 높고 매우 점잖은 사람을 두고 하는 말입니다.

⭐ 국민들의 정서는 안중에도 없고 나라에 안 좋은 일만 생기면 활력을 되찾는 정치벌레들은 국민이 자신들을 쪼아내는 부리를 가지고 있다는 사실을 모르고 있습니다.

🍀 창조주(創造主)가 밤을 만든 이유는 인생길 급하게 서두르면 좋을 것이 없으니 쉬어 가라고 밤을 만든 것입니다.

# 금준미 金駿眉

❤️ **금요일**, 금준미(金駿眉)란 금빛의 준수한 눈썹이란 뜻으로 홍차를 말합니다.

⭐ 칭찬(稱讚)은 우리를 늙지 않게 만드는 불로초이며
칭찬은 사랑을 만들어 내는 도깨비 방망이며
칭찬은 적도 아군으로 만들고, 원수를 부하로 만드는 최고의 명약입니다.
칭찬을 아끼지 않는 가슴에는 언제나 행복이 넘쳐흐릅니다.

🍀 인생에서 유일하게 예측할 수 있는 것은, 인생이 예측 불가능하다는 사실입니다.

# 10 October | 06
## 토죄 討罪

❤ **토요일**, 토죄(討罪)란 죄목(罪目)을 들추어 다부지게 나무라는 것을 말합니다.

⭐ 보고 싶다는 말은 마음속에서 표현(表現)되는 사랑의 언어입니다. 보고 싶다는 말은 사랑한다는 말보다 더 사랑한다는 뜻입니다.

☘ 양심(良沁)의 소리는 누구도 들을 수 없는 작은 소리지만 자신에 대한 울림은 천둥과 같습니다.
양심이 곧 부처이자 예수이니까요.

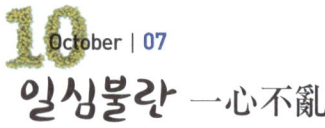

# 일심불란 一心不亂

❤️ **일요일**, 일심불란(一心不亂)이란 한 가지 일에 집중하여 마음이 흩여지지 않음을 말합니다.

⭐ 남을 원망(怨望)하는 마음으로는 그 누구의 원망도 풀 수 없습니다. 원망을 풀 수 있는 것은 원망을 떠나보내는 순간 자연스럽게 풀립니다. 이것은 영원불변(永遠不變)의 진리(眞理)입니다.

🍀 세상에서 가장 아름다운 꽃은 역경(逆境)을 이겨내고 핀 꽃입니다.

# 10 October | 08
## 월래 月來

❤️ **월요일**, 월래(月來)란 지난달부터 지금까지를 말합니다.

⭐ 불평(不平)은 인생 최악의 취미(趣味)입니다. 자신이 갖고 있는 것에 만족하지 못하고 불평하면 세상을 다 가진다 하더라도 만족하지 못하여 결국엔 불행해지니까요.

🍀 돈을 벌려면 투자(投資)를 해야 하듯이 내일을 벌려면 오늘을 투자해야 합니다.

# 10 October | 09
## 화현 和絃

, 화현(和絃)이란 두 개 이상의 높이가 다른 음(音)이 동시에 울렸을 때 어울려 나는 소리를 말합니다.

⭐ 과욕, 탐욕, 오만, 자만은 욕심(慾心)에서 시작됩니다. 이것을 빨리 버려야 기쁨, 즐거움, 성공 그리고 행복이 찾아옵니다.

🍀 플라톤이 말하기를 정치(政治)에 무관심(無關心)으로 일관하면 가장 큰 대가는 가장 저질스러운 정치인간(政治人間)들에게 지배(支配)당하는 것이라 했습니다.

# October | 10
## 수와 睡臥

❤️ **수요일**, 수와(睡臥)란 드러누워 잠을 자는 것을 말합니다.

⭐ 동양의학(東洋醫學)의 최고(最高)의 고전(古典) 동의보감(東醫寶鑑)에 담긴 의학상식

- 혈액의 응고를 막는 것(당근)
- 혈액의 길을 뚫어주는 것(생강)
- 고지혈증 예방(두부)
- 콜레스테롤 녹이는 것(꽁치)
- 묵은 피 걸러주는 것(부추)
- 혈액의 독소를 빼는 것(미역, 다시마)
- 활성산소 제거하는 것(강황가루)
- 혈관조직 산화 막는 것(검은깨)
- 스트레스 해소(녹차가루)

🍀 작금의 대한민국 정치는 불통(不通)을 넘어 먹통의 시대가 되었습니다.

#  October | 11
## 목용필단구용필지 目容必端口容必止

❤️ **목요일**, 목용필단구용필지(目容必端口容必止)란 눈은 단정하게 하고 입은 반듯하게 다물고 있는 모습을 말합니다.

⭐ 반딧불이가 빛을 내는 이유는 외로워서 빛을 냅니다. 빛을 내어 자신이 여기 있다는 것을 알리기 위함입니다.

🍀 악행(惡行)은 자신을 파멸로 이끄는 영원한 상처랍니다.

# 10 October | 12
## 금생 今生

❤️ 금요일, 금생(今生)이란 살아 있는 이 세상을 말합니다.

⭐ 얼굴이 마음에 들지 않는다고 성형까지 하면서도 남들이 보기 싫어하는 화난 얼굴을 보이는 것은 바보같은 행동입니다.

🍀 죽음의 심부름꾼은 병(病)입니다.

## 토성 土聲

❤️ **토요일**, 토성(土聲)이란 오행의 토(土)에 해당하는 음성으로, 우렁차고 침착(沈着)한 목소리를 말합니다.

⭐ 지혜(智慧)의 보고라고 불리는 성경잠언(聖經箴言)에는, 젊은이들은 어른들의 경험을 경청하라고 말하고 있습니다. 아무리 총명하고 패기가 넘치는 젊은이라 하더라도 인생을 살아보지 않고는 절대 가질 수 없는 것이 경륜이요 경험이기 때문입니다.

🍀 독서(讀書)란 자기성찰(自己省察)을 보태어 자기중심(自己中心)을 찾아나서는 시간입니다.

# 10 October | 14
## 일경지훈 一經之訓

❤️ **일요일**, 일경지훈(一經之訓)이란 자식(子息)을 위하여 돈을 물려주지 말고 경서(經書) 한 권을 가르치라는 뜻입니다.

⭐ 고독(孤獨)은 혼자서 해결하려는 마음이고, 자기가 중심이라는 마음입니다. 내가 강하다는 마음인데 결국은 나를 작게 만듭니다. 고독에서 벗어나려면 자신의 짐부터 내려놓아야 합니다. 자존심, 미움, 분노, 짜증, 불평, 불만 어쩌면 만족이라는 짐까지도 내려놓아야 합니다.

🍀 인간에 대한 가장 나쁜 죄는 인간을 미워하는 것이 아니라 바로 무관심입니다.

#  October | 15
# 월지 月氏

❤️ **월요일**, 월지(月氏)란 중국의 춘추전국시대부터 한대에 걸쳐 중앙아시아에서 활약하던 터키계의 민족을 말합니다.

⭐ 어리석은 사람은 자신의 생각과 행실만 옳다고 여기지만, 지혜로운 사람은 자신의 충고에 귀를 기울입니다. (잠언 12:15)

🍀 종소리가 맑은 이유는 모든 것을 버리고 그 안이 비어 있기 때문입니다.

# 10 October | 16
## 화자 話者

💗 **화요일**, 화자(話者)란 말하는 사람을 일컫는 것입니다.

⭐ 스펙(Spec)이란 말은 원래 제품에 대한 사양 등 자세한 내용이 담긴 설명서(說明書)라는 뜻입니다. 예를 들면 컴퓨터를 사려면 하드나 메모리 등 자세한 사용 방법이 설명되어 있는 설명서가 바로 스펙입니다.

그런데 우리나라에서는 다양한 경험과 경력 및 자격을 뜻하는 취업 신조어가 되었습니다.

🍀 우리는 노인의 경험에 귀 기울어야 합니다. 노인은 바로 구글이자 네이버이니까요.

### 수요 需要

❤️ **수요일**, 수요(需要)란 구매력(購買力)이 있는 상품을 구매하고자 하는 욕구를 말합니다.

⭐ 원균이 선조의 강압으로 부산포를 공격하였지만 실패(失敗)하자, 가덕도로 피신하다가 왜놈들의 매복에 걸려 대패하였습니다. 이때 선조는 백의종군하던 이순신에게 "짐이 무슨 할 말이 있으리오."하며 다시 삼도수군통제사로 제수(除授)하면서 권율장군 밑으로 들어갈 것을 권유하자 이순신이 선조에게 남긴 그 유명한 한 마디 "신에게는 아직 12척의 배가 있습니다."라고 하였습니다.

🍀 미움, 짜증, 분노, 불평, 불만이 많은 사람은 자신을 너무 높은 곳에 올려놓았기 때문입니다.

# 10 October | 18
## 목락비추진 木落悲秋盡

❤️ **목요일**, 목락비추진(木落悲秋盡)이란 나뭇잎 지니 가을의 끝자락이 서글퍼진다는 뜻입니다.

⭐ 볼록한 화면의 TV 브라운관은 1897년 독일의 칼 브라운 교수가 개발하였다고 하여 그의 이름을 따서 브라운이라고 명명하였습니다.

🍀 사람들이 못생긴 기생충을 싫어하는 이유는 외모지상주의(外貌至上主義)를 숭배하기 때문입니다.

# 10 October | 19
## 금고 琴高

♥ **금요일**, 금고(琴高)란 잉어를 말합니다.

★ 사람들은 나쁜 짓을 하고 나면 남들이 알까 두려워하는 마음이 있습니다. 우리들 마음 속에는 나쁜 일이란 것을 아는 착한 마음이 곧 부처나 예수가 될 씨앗을 품고 있다는 증거(證據)입니다.
부처나 예수의 씨앗에 물을 주어 가꾸어 보십시오. 하루하루가 행복해질 것입니다.

🍀 가난(家難)은 결코 미덕(美德)은 아니지만 맑은 가난을 내세우는 것은 탐욕을 멀리하기 위해서입니다.

# 10 October | 20
# 토주관 土主官

❤️ <u>토요일</u>, 토주관(土主官)이란 백성들이 자기 고을 사또를 가리키는 말입니다.

⭐ 이 세상에서 가장 아름다운 말이 사랑이라면, 가장 소중한 말은 가족(家族)입니다. 그리고 평화(平和)라는 말은 가족에서 나온 말이자 밥을 골고루 나누어 먹는다는 뜻을 지니고 있습니다.

🍀 부자(富者)는 끈기라는 끈으로 무장한 사람들입니다.

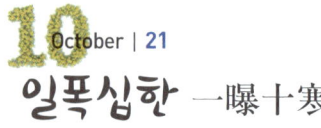

## 일폭십한 一曝十寒

❤️ **일요일**, 일폭십한(一曝十寒)이란 하루 일하거나 공부(工夫)하고 열흘을 노는 게으른 사람을 말합니다.

⭐ 사랑은 믿음이라는 비타민을 먹고 자라지만, 의심(疑心)은 원망(怨望)과 상처(傷處)를 먹고 자라 결국 불행(不幸)의 나락(奈落)으로 떨어지게 됩니다.

🍀 정직하게 번 돈이 세상에서 가장 아름답습니다.

# 10 October | 22
## 월려우기 月麗于箕

❤️ **월요일**, 월려우기(月麗于箕)란 바람이 불 조짐을 이르는 말입니다.

⭐ 아모르 파티란 말은 독일의 철학자 니체가 최초로 사용한 단어입니다. 자신의 운명을 사랑하라는 의미로 니체의 「즐거운 학문」, 「짜라투스트라는 이렇게 말했다」 등에서 언급하였습니다.

🍀 가족(家族)이란 진정한 평화를 만드는 텃밭입니다.

# 10 October | 23
## 화설 話說

● **화요일**, 화설(話說)이란 고대소설에서 이야기를 시작(始作)할 때에 쓰는 말입니다.

☆ 제일 많고 흔한 병(病)은 감기(感氣)가 아니라 두통(頭痛)입니다. 두통은 간단한 음식으로 나을 수 있습니다.
- 앞 두통 : 설탕 반 스푼 또는 초콜릿 한 조각
- 뒷머리 두통 : 멸치 통째로 된장에 찍어 먹을 것(고추장에 찍으면 말짱 도루묵)
- 편두통 : 감식초
- 눈썹두통 : 떫은 식초 또는 수제 요구르트나 요플레

🍀 산다는 것은 호흡(呼吸)하는 것이 아니라 행동(行動)하는 것입니다.

# 10 October | 24
## 수익성 收益性

♥ 수요일, 수익성(收益性)이란 수익이 되는 성질(性質)을 말합니다.

☆ 쉼표는 마침표가 아닙니다.
급하게 서두르면 실수뿐이니 서두르지 말고 행복한 삶을 위해 쉬엄쉬엄 가라고 쉼표를 만들었습니다.

🍀 부처나 예수는 초능력(超能力)을 가진 사람을 말하는 것이 아니라 자신의 감정으로부터 지배받지 않고 자유로운 사람을 말합니다.

# 10 October | 25
# 목자 目子

❤️ **목요일**, 목자(目子)란 빛의 자극을 받아 물체를 볼 수 있는 감각기관인 눈을 말합니다.

⭐ 꽃은 신문지로 포장해도 꽃이고, 쓰레기는 명품상자에 넣어도 쓰레기 입니다.
따뜻함을 차가움으로 포장한 사람을 미워하지 말고, 차가움을 따뜻함 으로 포장한 사람에게 속지 맙시다.

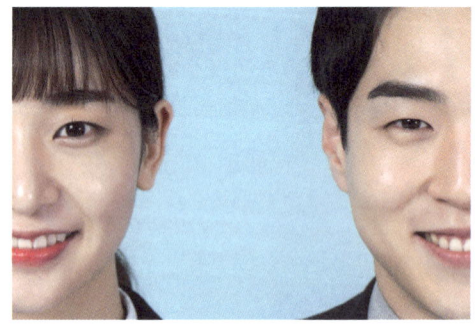

🍀 하늘에게 행복(幸福)을 달라고 했더니 감사(感謝)를 배우라고 했습니다.

# 10 October | 26
# 금반 今般

♥ **금요일**, 금반(今般)이란 곧 돌아오거나 이제 막 지나간 차례를 말합니다.

⭐ 탕, 탕, 탕
1909년 10월 26일 하얼빈역에서 울려 퍼진 총소리는 바로 대한의군 참모중장 안중근 의사가 이토 히로부미의 숨통을 끊어 놓는 소리였습니다.

🍀 실패(失敗)를 두려워하지 마십시오.
실패 속에 성공이 들어 있으니까요.

## 토감 土坎

● **토요일**, 토감(土坎)이란 흙구덩이를 말합니다.

★ 싸가지가 없다는 말의 유래는 인간이 갖추어야할 덕목인 인의예지(仁義禮智) 이 네가지를 갖추지 못한 사람을 4가지가 없는 놈 즉 싸가지 없는 놈이 되었습니다.
한양도성을 건립할 때 이 4가지 덕목(德目)을 넣어
동대문은 인(仁)을 일으키는 문이라 하여 흥인지문(興仁之門)
서대문은 의(義)를 두텁게 하는 문이라 하여 돈의문(敦義門)
남대문은 예(禮)를 숭상하는 문이라 하여 숭례문(崇禮門)
북문(北門)은 지(智)를 넓히는 문이라 하여 홍지문(弘智門)이라 이름하였습니다.

🍀 신뢰(信賴)는 세상 모든 사람들의 마음을 하나로 엮는 황금실입니다.

# 일어혼전천 一魚混全川

❤️ **일요일**, 일어혼전천(一魚混全川)이란 한 마리 물고기가 온 시냇물을 흐려 놓는다는 뜻입니다.

⭐ 지구상에서 동물(動物) 중 자기 잘못을 뉘우치고 잘못을 아는 동물은 사람뿐입니다. 잘못을 뉘우치지 않는 인간은 동물과 다를 바가 없습니다. 요즘 세상은 사람보다 동물이 더 많이 살고 있다고 하니 이것이야 말로 동물(動物)의 왕국(王國)이 아닐까요.

🍀 쌀 건지는 조리는 있어도 님 건지는 조리는 없다고 했습니다. 즉 마음이 변해 떠나는 님은 막을 방법이 없다는 것입니다.

October | 29

# 월여 月餘

❤️ **월요일**, 월여(月餘)란 한 달이 조금 넘는 기간을 말합니다.

⭐ 라이벌(rival)은 공생관계(共生關係)에 있는 경쟁자를 말합니다. 라이벌의 어원은, 강(river)을 사이에 두고 물이 부족해 생존에 위협을 느낄 때 서로 다투고, 홍수가 나면 서로 협심하여 위기를 극복 한다 하여 라이벌이란 말이 생겼습니다. 리버(river)란 말은 강가를 뜻하는 라틴어 리파리아(riparia)에 근원을 두고 있으며, 리파리아는 사람들이 머무르기 좋은 땅을 가리키다가 점차 강물을 뜻하는 리부스(rivus)에서 리버(river)로 굳어졌습니다.

🍀 화(禍)날 때 말을 많이 하면 후횟거리가 생기고, 참으면 추억(追憶)거리가 생깁니다.

# 10 October | 30
## 화이불창 和而不唱

♥ **화요일**, 화이불창(和而不唱)이란 남의 의견을 존중(尊重)하며 자신의 주장을 내세우지 않는 것을 말합니다.

⭐ 미소(微笑)란
나는 당신(當身)을 좋아합니다.
당신 덕분(德分)에 나는 행복합니다.
당신을 만나 정말 기쁩니다라는 무언(無言)의 신호입니다.
미소의 주인공(主人公)이 되십시오. 미소의 주인공이 되면
성공은 물론 행복(幸福)의 주인공이 될 것입니다.

🍀 모두를 위하는 사람이 되십시오. 그것이 나를 위하는 지름길입니다.

#  수구 守舊

❤️ **수요일**, 수구(守舊)란 옛 제도와 풍습을 그대로 지키고 따르는 것을 말합니다.

⭐ 이탈리아의 밀라노 대성당에는 세 가지 아치로 된 문이 있습니다. 첫 번째 문은 장미꽃이 새겨져 있는데 '모든 즐거움은 잠깐이다'라는 글귀가 있고 두 번째 문은 십자가가 새겨져 있는데 '모든 고통도 잠깐이다'라고 쓰여 있으며 세 번째 문에는 '오직 중요한 것은 영원한 것이다'라고 써져 있습니다.

🍀 덕본재말(德本財末)이란 덕(德)이 근본(根本)이고 재물(財物)은 나중이란 뜻입니다.

**November | 01**

# 목사이령 目使頤令

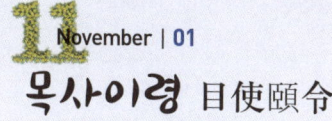

❤️ **목요일**, 목사이령(目使頤令)이란 눈과 턱으로 사람을 부린다는 뜻으로, 사람을 업신여겨 부리는 것을 말합니다.

⭐ 구글의 회사 이름은 10의 100제곱을 뜻하는 단어 구골(googlo)을 변형시켜 구글(google)로 선택한 것입니다.

🍀 책과 더불어 성장(成長)하는 국가가 세계를 이끌어 갑니다(책 사랑이 성공의 기름길).

# 11 November | 02
## 금어선원 金魚禪院

❤️ , 금어선원(金魚禪院)이란 좌선(坐禪)하는 방을 말합니다.

⭐ 당신의 재능(才能)은 사람들 머릿속에 남아 있지만 당신의 배려와 인간적인 행동은 가슴 속에 남아 있습니다. 가슴으로 당신을 기억하는 사람은 모두 당신 편입니다.

🍀 골프를 잘 친다는 것은 인생(人生)을 낭비(浪費)한 증거(證據)입니다.

## 토화 吐火

♥ **토요일**, 토화(吐火)란 사람의 입에서 불을 토해내는 연회(宴會)를 말합니다.

⭐ 고래는 지구온난화(地球溫暖化) 방지의 구원투수입니다. 몸 안에 대기 중의 이산화탄소를 수 톤씩 저장하고 있기에 학자들은 한 마리당 가치를 200만 달러(20억 원)정도로 추정하고 있습니다. 또한 고래의 배설물은 질소, 인, 철을 함유하고 있으며, 철은 바다의 식물성 플랑크톤이 성장하는 데 꼭 필요합니다. 만약 철분이 부족하면 플랑크톤이 자라지 못하여 바다는 사막(沙漠)으로 변하고 맙니다. (현재 고래는 약 130만 마리가 서식하고 있음)

🍀 진실(眞實)로 강한 사람은 웃음으로 무장(武裝)한 사람입니다.

November | 04

# 일일부독서 구중생형극 一日不讀書 口中生荊棘

❤️ **일요일**, 일일부독서 구중생형극 (一日不讀書 口中生荊棘)이란 하루라도 독서를 하지 않으면 입속에 가시가 돋는다는 뜻으로, 안중근 의사가 옥중에서 쓴 유명한 글입니다.

⭐ 화(禍)가 날 때는 침묵 하십시오.
불길이 너무 강하면 고구마는 익지 않고 타버려 먹을 수가 없는 것처럼 화는 우리를 삼킬 수 있습니다.

🍀 시련(試鍊)의 고통은 한 순간이지만, 포기(暴棄)는 영원한 상처로 남습니다.

# 11 November | 05
# 월하감

● **월요일**, 월하감이란 우리나라 감 중에 최고의 당도를 자랑하는 토종(土種)감을 말합니다.

⊛ 훌륭한 인맥(人脈)은 능력(能力)입니다.
고급 정보를 얻을 수 있고, 다양한 재능을 가진 사람들을 만날 수 있으니까요.

🍀 여자는 속이 고와야 하고, 남자는 속이 넓어야 합니다.

## 화부 花浮

💗 **화요일**, 화부(花浮)란 말차를 만들었을 때 나타나는 꽃처럼 뜨는 유화(乳華)를 지칭하는 말입니다.

⭐ 분노(憤怒)의 怒자는 奴(노비 노)자 밑에 心(마음 심) 즉 분노하는 것은 마음의 노비가 된다는 뜻입니다.

🍀 슬기로우나 정직(正直)하지 못한 사람은 잔꾀 많은 사기(詐欺)꾼에 불과합니다.

# 수미상응 首尾相應

❤️ **수요일**, 수미상응(首尾相應)이란 머리와 꼬리, 처음과 끝이 서로서로 관련이 있다는 뜻입니다.

⭐ 아침 일찍 찾아오는 까치를 아침 조(朝)자를 써서 조 까치 벗나무를 벗나무라 하는 이유는 잎도 나오지 않고 벗은 채로 꽃이 핀다고 하여 벗나무라 합니다.

🍀 성경전체(聖經全體)를 놓고 보면 인생(人生)은 나그네와 행인(行人)이라고 했습니다. 아브함도 야곱도 인생은 나그네라 하지 않았습니까.

## 목락귀본 木落歸本

♥ **목요일**, 목락귀본(木落歸本)이란 나뭇잎이 떨어지면 근본인 뿌리로 돌아간다는 뜻입니다.

⭐ 큰 나무를 만들기 위해서는 가지치기를 잘 해야 하듯 사람도 마찬가지입니다.
아프고 고통스럽더라도 내 안의 나쁜 것들을 가지치기 해야만 비로소 큰 사람으로 성장할 수 있습니다.

🍀 버선 안 맞는 것은 고쳐 신지만, 부부(夫婦) 안 맞는 것은 못 삽니다.

# 11 November | 09
## 금사주 金絲酒

❤️ **금요일**, 금사주(金絲酒)란 술에 달걀을 풀어 넣어 삶은 것을 말합니다.

⭐ 노란 손수건은 용서(容恕)와 포용(包容)과 사랑의 상징(象徵)입니다. 빙고라는 사내가 죄를 지어 4년간 옥살이를 하고, 만기 출소할 때 부인에게, "만약 나를 용서하고  다시 받아 줄 생각이 있다면 마을 입구 참나무에 노란 손수건을 달아 달"라고 편지를 썼습니다. 아내가 자기를 받아줄 것인가 하는 불안감(不安感)으로 뉴욕 교도소(矯導所)에서 출감하여 버스에 몸을 싣고 고향인 플로리다 해변 마을에 도착하는 순간 빙고는 그만 털석 주저앉고 말았습니다. 참나무에 온통 노란 손수건으로 뒤덮여 있는 것을 본 승객들은 너나 할 것 없이 자리에서 박차고 일어나 "빙고빙고"를 외치며 얼싸안고 기쁨의 눈물을 흘렸답니다. 이때부터 노란 손수건은 용서와 포용과 사랑을 표현(表現)하는 상징이 되었습니다.
— 미국 소설가 피트 하이밀의 고잉 홈(Going home)에서

🍀 남편(男便)은 가정에 모든 시간을 바쳐야 하는 직업(職業)입니다.

## 토황 土黃

❤️ **토요일**, 토황(土黃)이란 보석의 한 가지입니다.

⭐ 분노(憤怒)는 과거에 일어났던 사건에 분개하여 몹시 화가 나는 것이고, 근심, 걱정은 미래에 일어날 것에 대하여 안심이 되지 않아 미리 차용(借用)하여 속을 태우는 것입니다.

🍀 여자 앞에서 무릎 안 꿇은 남자 없습니다. 여자 앞에서는 임금도 무릎을 꿇어야 하니까요.

# 일단사일표음 一簞食一瓢飮

❤ **일요일**, 일단사일표음(一簞食一瓢飮)이란, 한 주먹 도시락밥과 표주박 한 바가지 물이란 뜻으로, 매우 가난한 살림을 말합니다.

⭐ 자유(自由)는 자율(自律)에서 왔습니다. 질서의 법칙을 알아야 자유를 느낄 수 있다는 뜻입니다.

🍀 제 얼굴 못난 인간이 거울 깬다는 우리 속담은 남 탓하지 말라는 것입니다.

# 월장도화 越牆桃花

❤️ **월요일**, 월장도화(越牆桃花)란 담을 넘게 하는 꽃이란 뜻으로, 매력이 넘쳐 법을 어겨서라도 남자가 찾아 나서는 여자를 말합니다.

⭐ 학(鶴)은 평소에 철저한 자기관리로 몸만들기를 합니다.
특유의 우아하고 고고하고 아름다운 자태는 식욕을 이겨낸 절제의 미학(美學)입니다.
(학의 절제의 미학을 배웁시다.)

🍀 건강(健康)이 가장 큰 이익(利益)이고 만족(滿足)이 가장 큰 재산(財産)이며 신뢰가 가장 큰 친구입니다.

# 11 November | 13
## 화이불류 和而不流

❤ **화요일**, 화이불류(和而不流)란 화합하되 휩쓸리지 않는 것을 말합니다.

⭐ '그럴 수 있나'는 갈등을 만들고,
'그럴 수 있지'는 갈등을 해소합니다.
'그럴 수 있나'는 적개심을 품게 하고
'그럴 수 있지'는 공감대를 만들어냅니다.

🍀 두려운 것은 죽음이나 고난이 아니라 고난과 죽음에 대한 공포(恐怖)가 두려움을 만듭니다.

## 수결 手決

♥ 수요일, 수결(手決)이란 관원들의 결제를 말합니다.

★ 사인(sign)은 서양에서 들어온 문화가 아니라 우리 조상들이 즐겨 사용했던 사안(事案)에서 유래를 찾을 수 있습니다.
수결(手決) 즉 사안(事案)이란 법률적으로 문제가 되어 있는 안건에 자신의 주장을 표시하는 것을 말합니다. 그러므로 우리나라 사안(事案)이란 말이 서양으로 건너가 사인(sign)이 된 것입니다.

♣ 아내의 인내(忍耐)는 남편을 살리고 남편의 인내는 아내를 명예롭게 합니다.

## 11 November | 15
## 목경 木鏡

❤️ **목요일**, 목경(木鏡)이란 나무로 만든 거울이라는 뜻으로 쓸모없는 물건을 비유한 말입니다.

⭐ 남에게 커 보이는 가짜가 되려하지 말고 작더라도 진짜가 되려고 노력해야 합니다.
우리의 본질(本質)은 도금할 필요가 없는 100% 순금이니까요.

🍀 우리의 얼굴 모습을 밝고, 깨끗하고, 아름답고, 매력 있게 하는 화장품(化粧品)은 웃음 꽃 화장품뿐입니다.

## 금어 金魚

❤️ 금요일, 금어(金魚)란 금붕어를 말합니다.

⭐ 영국 자선지원 단체〈CAF〉의 조사에 의하면, 최빈국인 미얀마 국민들의 기부 지수는 세계 1위라고 합니다. 미얀마인들은 어려움에 처한 이웃이나 동물을 보살피는 박애정신(博愛精神) 즉 배려심이 생활화되어있으며, 가뭄이 들면 새들이 굶주릴까 봐 나무에 벼 이삭을 매달아 새들에게 먹이를 주곤 합니다. 전 국민의 85%가 불교인인 만큼 불교의 영향도 컸으리라 생각됩니다.

🍀 진정(眞正)한 용기는 진리(眞理)에 복종(服從)하고 권력(權力)에 불복종(不服從)하는 것입니다.

 November | 17
# 토마스 제퍼슨

❤ **토요일**, 토마스 제퍼슨이 말하기를 민주주의는 피를 먹고 자란다고 했으니, 이제 홍콩도 멀지 않아 민주주의 사회가 오겠지요.

⭐ 민주주의(民主主義)의 최후의 보루는 깨어 있는 시민의 조직된 힘이라고 했습니다. (노무현)

🍀 여자가 말이 없는 남자를 좋아하는 이유는 자신이 많은 말을 할 수 있기 때문입니다.

November | 18

## 일의 一意

❤️ **일요일**, 일의(一意)란 마음을 합침 또는 그 마음이란 뜻입니다.

⭐ 말뫼의 눈물이란
말뫼는 스웨덴의 항구도시로 한 때 세계 조선업을 호령하였지만 노동자들의 잦은 파업과 급변하는 세계 변혁의 물결에 선도하지 못하여 몰락하였고, 말뫼는 세계에서 가장 크고 거대한 크레인을 현대중공업에 단돈 1달러에 파는 신세가 되었습니다. 이것이 바로 말뫼의 눈물입니다. 우리 모두 하나 되어 한반도의 눈물은 일어나지 않게 합시다.

🍀 악서(惡書)는 독자(讀者)의 돈과 시간(時間)과 인내(忍耐)를 고갈시키는 주범(主犯)입니다.

 November | 19

# 월도 月島

❤️ **월요일**, 월도(月島)는 충남 보령시 오천면 효자도리에 딸린 섬으로 반달 모양을 닮았다 하여 월도라고 합니다. 또한 한 달이 30일인 만큼 반달은 보름을 나타냄으로 15가구 이상 살면 망한다는 속설(俗說)로 인해 15가구 이하로 마을을 이루고 있습니다.

⭐ 몸은 음식으로 힘을 얻지만 마음은 생각으로 힘을 얻습니다. 좋은 생각, 바른 생각은 마음의 힘이 되는 필수 영양소입니다.

🍀 우리는 항상 준비하고 살아야 합니다. 준비가 안 되면 들어 온 떡도 못 먹으니까요.

## 11 November | 20
# 화부 華府

♥ , 화부(華府)란 미국 워싱턴을 달리 이르는 말입니다.

★ **서울의 또 다른 유래**

태조 이성계가 외성(外城)을 쌓으려고 하였으나 둘레의 원근을 결정하지 못하고 고민하던 중 큰 눈이 내리게 되었습니다. 그런데 바깥쪽은 눈이 쌓이는데 안쪽은 곧 녹아 버리자 태조가 이상하게 생각하여 눈이 녹지 않는 곳을 따라 성터를 쌓도록 지시하였습니다.

여기서 눈(雪)이 쌓인 곳에 쌓은 성, 즉 설(雪)의 울타리라는 뜻으로 오늘의 서울이 되었다는 설도 전해집니다.

🍀 모든 사람이 해가 진다고 말할 때 당신은 별이 뜬다라고 말할 수 있는 사람이 되십시오.

# 11 November | 21
## 수득 修得

❤ 수요일, 수득(修得)이란 수행으로 인해 후천적으로 갖추게 된 능력을 말합니다.

⭐ 행동(行動)이 두려움을 몰아내고 자신감(自信感)을 불러옵니다. 행동하지 않으면 의심과 두려움이 자라납니다.

🍀 지식(知識)은 양심(良心)과 함께 있을 때에는 지혜(知慧)가 되지만 양심과 이별(離別)하면 교활(狡猾)이 됩니다.

# 11 November | 22
## 목락초고 산자척 木落草枯山自瘠

❤️ **목요일**, 목락초고 산자척(木落草枯山自瘠)이란 나뭇잎이 떨어지고 풀잎은 시드니 겨울산은 스스로 수척해진다는 뜻입니다.

⭐ 화폐(貨幣)를 돈이라고 하는 이유는 금(金)과 은(銀)의 단위를 한 돈(한 돈=3.75g) 두 돈으로 사고파는 것에서 유래가 되었습니다. 금과 은의 칭량 단위인 '돈'이 바로 화폐의 단위인 '돈'이 된 것입니다.

🍀 성냄은 깨달음의 씨앗을 해(害)치는 독(毒)의 근본입니다.

## 11 November | 23
## 금오 金烏

❤️ **금요일**, 금오(金烏)란 태양의 다른 이름입니다. 태양 속에 발이 세 개 달린 까마귀(삼족오)가 살고 있다는 전설에서 만들어졌습니다.

⭐ 맹자(孟子)는 무항산(無恒産)이면 무항심(無恒心)이라 했습니다. 항산이 없으면 항심도 없다는 말로, 가난하면 도덕(道德)이 깃들기 어렵다는 뜻입니다.

🍀 게으름은 살아있는 무덤이자 온갖 불행(不幸)의 근원(根源)이며 모든 수치심(羞恥心)의 어머니입니다.

# 토안증 兎眼症

❤️ **토요일**, 토안증(兎眼症)이란 눈이 제대로 감기지 않는 증상을 말합니다.

⭐ 인생(人生)의 불행(不幸)은 만족(滿足)할 줄 모르는데서 시작됩니다. 그래서 성경에는 욕심(慾心)을 잉태(孕胎)하면 죄(罪)를 낳고 죄가 성장하면 사망(死亡)을 낳는다고 했습니다.

🍀 말이 짧을수록 분쟁(紛爭)도 적어집니다.

# 일고경성 一顧傾城

● **일요일**, 일고경성(一顧傾城) 이란 한 번 돌아보면 성(城)이 기운다는 뜻으로 뛰어난 미인을 비유하는 말입니다.

☆ 유머(humor)의 뜻은 '재미있다'가 아니고 라틴어의 '흐르다'에서 온 것입니다. 사람의 몸은 70%의 물로 되어 있으며, 물은 고이면 반드시 썩습니다. 물이 흘러야 건강합니다.
그래서 유머의 진정한 의미는 사람의 마음과 마음의 흐름인 소통을 뜻입니다.

🍀 불은 빛의 모체(母體)이고, 사랑은 평화(平和)의 모체입니다. 평화를 위하여 모든 이를 사랑하게 하소서.

## 11 November | 26
# 월불 月拂

♥ **월요일**, 월불(月拂)이란 다달이 돈을 치루는 것을 말합니다.

☆ 정직(正直)한 경영인(經營人) 6·25 전쟁 중 당장 피난을 가야 하는 급박한 상황에, 한 사업가가 은행에 나타나 갚지 않아도 될 대출금(貸出金)을 갚겠다고 하자 직원은 당황하면서 대출기록을 찾았지만 결국 찾지 못하였고, 사업가는 할 수 없이 대출금을 상환했다는 영수증만 받고 떠났습니다. 전쟁이 끝나고 은행에서는 이 사업가에 대하여 화제가 되고 있을 때 그는 사업자금이 필요하여 다시 은행을 찾자, 은행장까지 뛰어나와 "당신처럼 정직한 분을 만나 본 적이 없습니다. 이런 신용도(信用度)를 가진 사람이라면 저희 은행에서 대출을 마다할 이유가 없지요."
정직한 성품으로 많은 사람들로부터 존경을 받고 성공한 사업가는 바로 한국유리공업주식회사의 최태섭 회장이었습니다.

♣ 가장 고귀한 복수(復讎)는 관용(寬容)입니다.

# 11 November | 27
## 화이부실 華而不實

❤ **화요일**. 화이부실(華而不實)이란 꽃은 화려하지만 열매를 맺지 못한다는 뜻으로 겉은 화려하면서도 실속이 없는 것을 말합니다.

✪ '그냥'이란 말을 그냥 흘려버리지 마십시오.
그냥은 '그냥'이 아닙니다.
그냥이란 말 속에는 수천 수 만개의 간절한 그리움이 숨겨져 있고,
당신을 부르는 애달픈 목소리가 담겨있습니다.

♣ 겸손(謙遜)한 마음보다 좋은 기도원(祈禱院)은 없습니다.

#  November | 28
## 수미상관법 首尾相關法

♥ **수요일**, 수미상관법(首尾相關法)이란 운문문학(韻文文學)에서 첫 번째 연이나 행을 마지막 연이나 행에 다시 반복하는 것을 말합니다.

★ 한국전쟁에 붙인 별명은 톱질전쟁입니다. 전선의 이동 양상이 밀었다 당겼다 하며 톱질하는 것과 흡사했기 때문입니다.

♣ 사람이 시간을 낭비(浪費)하는 것은 일종(一種)의 자살행위(自殺行爲)입니다.

# November | 29
## 목시거리 目視距離

❤️ **목요일**, 목시거리(目視距離)란 육안(肉眼)으로 관측할 수 있는 거리를 말합니다.

⭐ 인류 역사(人類 歷史)가 시작된 이래 칼이나 총에 맞아 죽은 사람보다 혀끝에 맞아 죽은 사람이 더 많다는 사실을 우리는 깊이 새겨야 합니다.

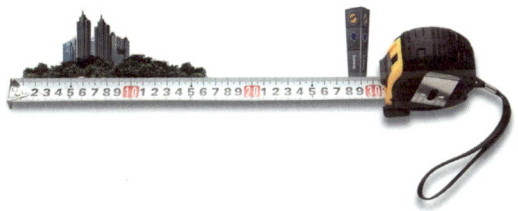

🍀 죽음을 두려워 한다는 것은 아직 자기 자신을 사랑하고 있다는 증거(證據)입니다.

## 11 November | 30
## 금고 金鼓

, 금고(金鼓)는 절에서 쓰는 북 모양의 종을 말합니다.

⭐ 강주배 작가의 만화 작품 「용하다 용해」

「용하다 용해」의 주인공인 무대리(본명 무용해)를, 서울시 도봉구청은 명예구민으로 선정하여 주민등록증을 2016년 7월 15일 강 작가에게 전달했습니다.

무용해 주민번호: 820315-1033000인 것은 만화 속 무대리가 35세임을 감안할 때 82년도에 태어났다는 뜻이고, '0315'는 만화가가 스포츠 서울에 처음 「용하다 용해」를 연재한 날이 3월 15일이라는 것입니다. 그리고 '0330'은 만화 연재가 활발했던 당시 작가의 거주지인 도봉구 방학 3동의 지역번호가 '0330'으로 사용 되어 위와 같이 주민번호를 발급한 것이랍니다.

🍀 고독(孤獨)은 악마(惡魔)의 놀이터입니다.

# 토우 土偶

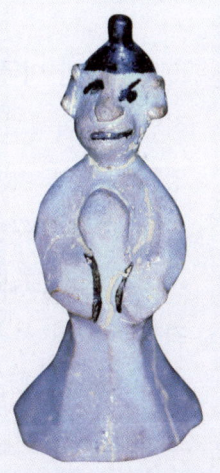

❤️ **토요일**, 토우(土偶)란 흙으로 만든 인물상(人物像)을 말합니다.

⭐ **형설지공**(螢雪之功)**의 유래**.
중국 동진(東晉)의 이한(李瀚)이 쓴 몽구(蒙求)에 나오는 고사로, 가난한 집안에 태어난 손강(孫康)은 기름 살 돈이 없어 '눈(雪)'빛으로 공부한 끝에 어사대부(御史大夫) 벼슬까지 올랐고, 차윤(車胤) 역시 가난하여 반딧불이를 주머니에 담아 그 빛으로 공부한 결과 이부상서(吏部尙書)까지 올랐다 하여 만들어진 고사성어입니다. 성공(成功)을 형설 또는 형설지공이라 하고, 공부하는 서재를 형설창안(螢雪窓案)이라 일컫습니다.

🍀 불행(不幸)을 고치는 약(藥)은 오직 희망(希望)뿐입니다.

# 일규불통 一竅不通

❤️ **일요일**, 일규불통(一竅不通)이란 염통(念桶)에 구멍이 막혔다는 뜻으로, 사리(事理)에 어두운 사람을 이르는 말입니다.

⭐ 1970년 중반 미국 카터 행정부(行政府)가 박정희 정권의 반인권(反人權)적인 유신독제체제(維新獨裁體制)를 압박하자 박정희는 '영원한 적도 영원한 우방도 없다'는 구호 아래 방송 용어에 영어 사용을 금지시켰습니다. 당시 축구를 중계하던 아나운서가 한국팀이 득점하자 흥분한 나머지 자신도 모르게 "헤딩슛 골인"을 외쳐, 정부 시책을 무시한 죄로 해고된 사실이 있습니다. 이 일로 인해 축구 용어로 헤딩을 머리박기, 코너킥을 구석차기, 골키퍼를 문지기, 드로잉을 도움주기, 프리킥을 자유차기, 페널티킥을 벌칙차기 등으로 새 스포츠 용어가 만들어졌습니다. 가수들도 정부 시책에 맞추기 위하여 바니걸스를 토끼소녀로, 언니언스를 양파들로, 라나에로스포를 개구리와 두꺼비로 개명하였고 새로 데뷔하는 가수들은 아예 순우리말 이름을 지었습니다. 논두렁 밭두렁, 산울림, 하사와 병장, 물레방아, 국보 자매 등으로 말입니다.

웃어야 할까요? 울어야 할까요?

🍀 자연(自然)은 신(神)이 쓴 책입니다.

**December | 03**

# 월옥 越獄

♥ **월요일**, 월옥(越獄)이란 탈옥(脫獄)을 말합니다.

⭐ 살면서 해서는 안 되는 일 중에 가장 어리석은 일은 아직 일어나지도 않은 걱정을 가불(假拂)해서 걱정하는 일입니다.
사랑, 배려, 꿈, 희망, 미소 생각만 해도 기분 좋은 것들만 가불해서 사용할 때 행복은 스스로 우리 곁에 찾아옵니다.

🍀 바보와 어리석음은 고칠 약(藥)이 없습니다.

# 12 December | 04
# 화부산사 花浮山祠

♥ **화요일**, 화부산사(花浮山祠)는 강원도 유형문화재 57호로 김유신 장군의 사당이 있는 곳입니다.

⭐ 패스트트랙과 필리버스터,
정치권(政治圈)에서 패스트트랙과 필리버스터라는 말이 유행하고 있습니다.
여기서 필리버스터라는 말은 스페인어 필리부스테로 Filibustero 해적선, 약탈자를 뜻 하는 말에서 유래 되었으며, 패스트트랙 Fast Track 은 빠른길, 경로, 한자어로는 신속한 처리라는 뜻에서 나온 말입니다.

🍀 세월(歲月)은 우리 머리 위로 날아가지만 삶의 그림자를 뒤에 남깁니다.

## 수과 水瓜

❤ **수요일**, 수과(水瓜)란 수박의 다른 이름입니다. 물이 많다고 하여 수과라 하였고, 서과(西瓜)라고 한 것은 서양에서 들어 왔다고 하여 붙여진 이름입니다.

⭐ 수박은 고대 이집트 시대부터 가꿔져 왔지만, 우리나라에서는 고려를 배신하고 몽고에 귀화하여 고려 사람을 괴롭힌 홍다구(洪茶丘)가 처음으로 개성에 심었습니다.

🍀 성욕(性慾)이 있다는 것은 아이를 낳을 힘을 갖고 있다는 것입니다.

## 목광여거 目光如炬

❤️ **목요일**, 목광여거(目光如炬)란 눈빛이 횃불같이 빛난다는 뜻으로 몹시 화가 난 모습을 말합니다.

⭐ 악행(惡行)은 쾌락(快樂)속에서도 고통을 주지만, 덕행(德行)은 고통 속에서도 위안(慰安)을 줍니다.

🍀 질투(嫉妬)는 남보다 자신을 해치는 기술입니다.

## 12 December | 07
# 금국정벌론 金國征伐論

❤️ **금요일**, 금국정벌론(金國征伐論)이란 고려 인종 때 묘청 등이 제기한 금나라 정벌에 관한 논의를 말합니다.

⭐ 여자는 언제나 이국(異國) 땅입니다. 남자가 젊어서부터 여자라는 토지에 머물러 있어도 토지의 풍습, 언어, 정책을 완전히 이해하기란 어려운 일이니까요.

🍀 나이 든 개는 쓸데없이 짖지 않습니다.

## 토의토론 討議討論

♥ **토요일**, 토의토론(討議討論)이란 토의는 어떤 문제에 대하여 검토하고 협의하는 것을 말하고, 토론은 어떤 문제에 대하여 여러 사람이 각각 의견을 제시하여 논의하는 것을 말합니다.

☆ 호박의 유래는 오랑캐로부터 전래된 박과 유사하다 하여 오랑캐 호(胡)자를 붙여 호박이라 부르게 되었습니다.

♣ 기술적(技術的)으로 반대하는 것은 악한자(惡漢者)의 으뜸가는 발뺌입니다.

# December | 09
## 일의적 一義的

❤️ **일요일**, 일의적(一義的)이란 가장 중요한 의미를 갖는 것을 말합니다.

⭐ 행복한 삶을 창조하기 위해서는 육체(肉體)에 꼭 맞는 옷을 입기보다는 양심(良心)에 꼭 맞는 옷을 입어야 합니다.

🍀 소액(少額)의 빚은 채무자(債務者)를 만들고 큰 빚은 적(敵)을 만들어 냅니다.

# 12 December | 10
## 월력 月曆

♥ **월요일**, 월력(月曆)이란 달력을 말합니다.

★ 사불여죽 죽불여육(絲不如竹竹不如肉) 즉 현악기보다는 관악기가 낫고 관악기보다는 육성이 낫다는 뜻으로, 사람의 목소리는 자연이 준 최고의 악기라는 것입니다.

♣ 사냥꾼은 개로 토끼를 잡고 아첨꾼은 칭찬(稱讚)으로써 어리석은 자(者)를 잡습니다.

# 화혼식 花婚式

December | 11

❤ 화요일, 화혼식(花婚式)이란 결혼 7주년을 말합니다.

☆ 돌부처나 십자가에 못 박힌 예수의 형상(形像)에도 정성을 다해 기도(祈禱)하면 복(福)이 오는데 살아있는 부모님, 남편, 아내, 이웃에게 마음을 담아 머리 숙이면 저절로 복이 굴러 들어옵니다.

🍀 인간을 황폐(荒廢)하게 만드는 것은 배고픔도 목마름도 아닙니다. 마음의 굶주림이 우리를 더 황폐하게 만듭니다.

## 수용미학 受容美學

❤️ 수요일, 수용미학(受容美學)이란 독일의 비평가 야우스가 제창한 이래 널리 알려진 독자 반응비평 이론을 말합니다.

⭐ 인생은 우리에게 수많은 진리(眞理)를 깨우쳐 주지만, 그 중 첫 번째 진리가 노력(努力)은 성공의 길을 통하는 지름길이라는 것입니다.

🍀 우리는 돈을 벌기 위해 머리를 쓰고, 돈을 쓰기 위해 마음을 가지고 있습니다.

# 12 December | 13
# 목식 木食

❤️ **목요일**, 목식(木食)이란 나무 열매를 먹고 산다는 뜻으로 속세를 떠나 자연에 묻혀 사는 것을 말합니다.

⭐ 김삿갓, 김병연(1807~1863)은 세도가(勢道家)이자 대역죄인(大逆罪人) 안동김씨 김익순의 손자입니다. 김삿갓의 손자 김영진이 스님으로 살고 있다는 소식을 들은 고종은 그를 궁으로 불러 김익순의 죄를 사해주고 관직을 내렸습니다.

김삿갓의 유언
"안초시, 춤구려, 이제 잠을 자야겠으니 불을 꺼주시오. 어머니가 보고 싶소."(전라남도 화순군 동북면에서 임종)

🍀 꽃을 주는 것은 자연(自然)이고, 그 꽃을 엮어 화환을 만드는 것은 예술(藝術)입니다.

## 12 December | 14
# 금전불시만능적 金錢不是萬能的

♥ , 금전불시만능적(金錢不是萬能的)이란 돈이 만능이 아니라는 뜻입니다.

★ 김삿갓이 촌 서당에서 멸시와 푸대접을 받고 던진 詩
  천탈관이득일점(天脫冠而得一點)
  천(天)자에서 모자를 벗고(大) 점(點)을 하나 얻으니 '犬'이고
  내실장이횡일대(乃失杖而橫一帶)
  내(乃)자에서 지팡이를 잃고 띠를 하나 얻으니 '子'
  고로 견자(犬子), 개새끼로구나

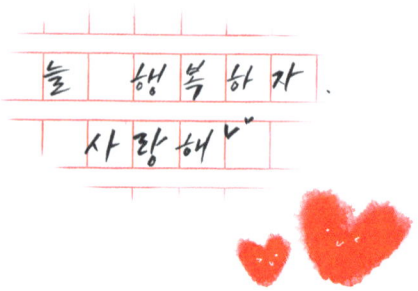

🍀 사랑의 빚 외에는 아무 빚도 지지 않는 것이 행복의 지름길입니다.

## 12 December | 15
# 토망 土望

❤️ **토요일**, 토망(土望)이란 그 지방의 인망(人望)을 말합니다.

⭐ 김삿갓이 풍류와 향락을 즐기다 죽은 사또 아들에게 지은 시(詩)
위위불염갱위위(爲爲不厭更爲爲) 해도 해도 싫지 않아 다시 하고 또 하고
불위불위갱위위(不爲不爲更爲爲) 안 하겠다 하면서 다시 하고 또 한다.
남녀(男女)의 운우(雲雨)의 정(情)은 아무리 해도 끝도 없고 하고 또 해도 싫증이 나지 않는다는 것을 단 네 자를 가지고 절묘하게 표현한 천재시인 김삿갓은 과연 시재(詩才)의 달인(達人)입니다.

🍀 빚은 최악(最惡)의 빈곤(貧困)입니다.

## 일면 一眠

♥ **일요일**, 일면(一眠)이란 잠깐 잠을 자는 것을 말합니다.

★ 김삿갓이 추운 겨울날 서당의 훈장에게 하룻밤을 청하였다가 야박하게 거절당한 후 훈장을 모욕한 시(詩)
서당내조지(書堂乃早知)고
방중개존물(房中皆尊物)이며
생도제미십(生徒諸未十)고
선생래불알(先生來不謁)이니라.
아침 일찍 서당에 오니 방안에 모두 귀한 분들일세
배우는 학생은 열도 못 되고 선생은 와서 뵙지도 않네

🍀 희망(希望)은 가난한 자의 식량(食糧)입니다.

# 월소 月梳

December | 17

♥ **월요일**, 월소(月梳)란 머리털을 가지런히 빗어 내리는데 사용하는 얼레빗을 말합니다.

⭐ 김삿갓 해학 詩
자지(自知)면 만지(晚知)고, 보지(補知)면 조지(早知)라.
스스로 알려고 하면 늦게 알고
남의 도움을 받아 알려고 하면 빨리 알아진다.
보지(補智)면 만지(晚智)고, 자기(自智)면 조지(早智)라.
남의 도움을 받아 깨달으려하면 늦게 깨닫고
스스로 깨달으려 하면 일찍 깨닫는다.

🍀 재물(財物)의 빈곤(貧困)은 쉽게 떠나지만 정신(精神)의 빈곤은 결코 떠나지 않습니다.

#  December | 18
## 화이부장 和而不壯

● **화요일**, 화이부장(和而不壯)이란 온화하나 웅장하지 못하다는 뜻입니다.

★ 김삿갓이 단천(端川)에서 홍련(紅蓮)아씨와 첫날밤을 보내면서 일필 한 詩
김삿갓
'모심내활 필과타인'(毛深內闊必過他人)
털이 깊고 속이 넓고 허전하니 반드시 어떤 놈이 지나간 자취로다.
홍련
'계변양류 불우장'(溪邊楊柳不雨長)
시냇가의 수양버들은 비가 오지 않아도 잘 자라고
'후원황률 불봉탁'(後園黃栗不蜂坼)
뒷동산의 익은 밤은 벌이 쏘지 않아도 저절로 벌어진다는 홍련아씨의 이 詩 한 수에 탐복한 김삿갓은 홍련아씨를 다시 안아 주었답니다.

🍀 1g의 지혜(智慧)가 1t의 설교(說敎)보다 더 큰 가치를 지니고 있습니다.

# 수성절 壽成節

**December | 19**

❤️ **수요일**, 수성절(壽成節)이란 고려 희종 때에 임금의 탄신일을 기념하던 날을 말합니다.

⭐ 김병연(김삿갓)이 삿갓을 쓰고 조선 8도를 방랑한 이유는, 홍경래에게 항복한 선천부사 김익순이 조부인줄 모르고 강원도 영월 향시(鄕試)에서 엄중히 규탄하는 詩를 지어 장원급제한 후 이 사실을 알고 나서 차마 하늘을 볼 수 없다며 평생 삿갓으로 얼굴을 가린 채 전국을 방랑하며 살았답니다.

🍀 탐욕(貪慾)은 자신을 탕진(蕩盡) 시키는 바닥없는 항아리입니다.

## 12 December | 20
# 목낭청조 睦郎廳調

**목요일**, 목낭청조(睦郎廳調)란 분명하지 않는 태도를 말합니다.

★ 1932년 12월 19일은 윤봉길 의사(25세)가 순국한 날입니다.
장부출가 생불환(丈夫出家生不還) 즉 '장부가 뜻을 품고 집을 나서면 돌아오지 않는다'는 결의에 찬 편지를 부모님과 처자식에게 남기고 만주로 떠났습니다.
1932년 4월 29일 중국 홍커우 공원 에서 일왕 생일을 기념하기 위한 식장에 폭탄을 던져 상하이 파견군 대장 시라카와를 즉살시킨 윤봉길 의사가 나가자와에서 총살(銃殺)을 당 할 때 형틀에 양 팔을 묶고 흰 머리띠를 두르게 한 다음 이마에 총을 쏜 것은, 붉은 피가 흰 천에 묻어 일장기를 표현하려는 일본 놈들의 야욕이었습니다. 그의 시신을 나가자와시 공동묘지 관리소와 쓰레기장 사잇길에 봉분도 없이 매장하여, 뭇 사람들이 그의 시신을 밟고 지나가도록 하였으니 천하에 쳐 죽일 놈들.

🍀 진실(眞實)이 왜곡(歪曲)되면 인생(人生)도 왜곡됩니다.

# 금야당 준만사운 今夜當樽萬事雲

- ❤️ 금요일, 금야당 준만사운(今夜當樽萬事雲), 이 밤에 술을 대하니 만사가 구름 같도다.

- ⭐ '늦깎이' 유래
  늦게 머리를 깎는 사람 즉 나이가 들어서 승려가 된 사람을 가리키던 말입니다.
  그리고 나이가 어려서 승려가 된 사람을 올깎이, 승려가 속인이 되었다가 다시 승려가 된 사람 되깎이라 하였습니다.

- 🍀 희망(希望)은 유일한 만인 공통(萬人共通)의 사기꾼입니다. 하지만 희망이 없으면 우리는 하루도 살 수 없습니다.

# 토습수함 土濕水鹹

❤️ **토요일**, 토습수함(土濕水鹹)이란 땅이 습하고 물이 짠 것을 말합니다.

⭐ 숙주나물(녹두나물)의 유래
신숙주는 자신을 총애하던 세종대왕(世宗大王)을 배신(背信)하고 수양대군을 도와 단종(端宗)을 폐위시켜 세조의 공신이 된 자이자, 변절(變節)의 아이콘이 된 사람입니다.

녹두 나물은 콩나물이나 다른 여타 나물에 비해 잘 변질되고 잘 상하는 성질이 있어 녹두 나물을 신숙주에 비유해서 숙주나물로 바꿔 부르게 되었다는 설이 있습니다.

🍀 선행(善行)으로 남을 윤택(潤澤)하게 하는 사람은 자신도 윤택하게 됩니다.

# 일푼경운 일푼수획 一分耕耘 一分收獲

❤ **일요일**, 일푼경운 일푼수획(一分耕耘 一分收獲)이란 일한 만큼 수확한다는 뜻입니다.

⭐ 짬뽕의 유래

짬뽕은 일본 나가사키에 정착한 중국인 진헤어준(陣平順)이라는 사람이 1899년 사해루(四海樓)라는 음식점을 차려, 그 지역의 가난한 중국 유학생들을 위해 식당에서 쓰다 남은 야채와 고기, 어패류 등을 볶아 중화 면을 끓여 만든, 양도 많고 값도 싸고 영양도 넉넉한 요리를 고안해 만들었는데 이것이 바로 짬뽕의 원조입니다.

🍀 빚을 얻으러 가는 자는 슬픔을 얻으러 가는 것입니다.

# 월불유장문심방 月不踰墻間深房

♥ **월요일**, 월불유장문심방(月不踰墻間深房)이란 달은 담장을 넘지 않고도 깊은 방을 엿볼 수 있다는 뜻입니다.

⭐ 뚱딴지의 유래
원래 뚱딴지는 돼지감자를 말하는데 꽃과 잎의 생김새는 예쁘고 아름다운 반면 뿌리는 돼지코를 닮아 못생기고 엉뚱하다하여 뚱딴지라는 이름이 탄생하게 되었습니다.

🍀 허술한 지붕에는 비가 스며들고 닦지 않은 마음에는 탐욕(貪慾)이 스며듭니다.

# 12 December | 25
## 화창 話唱

❤️ **화요일**, 화창(話唱)이란 창극이나 가극에서 대화의 내용을 노래로 하는 것을 말합니다.

⭐ 12월 25일을 예수 탄신일인 크리스마스로 지정한 이유는 초대 대립교황 히폴리투스가 성모마리아의 수태고지절(3월 25일)로부터 아홉 달이 도래한 날이 12월 25일이기 때문에 이 날을 크리스마스로 지정하였답니다.

🍀 강(强)한 욕망(慾望)을 버리고자 하거든 마음의 사치(奢侈)를 버리면 됩니다.

# 12 December | 26
## 수태고지 受胎告知

❤️ 수요일, 수태고지(受胎告知)란 가브리엘 천사가 마리아에게 나타나 예수 그리스도 잉태를 예고한 것을 말합니다.

⭐ 아베 마리아의 아베(ave)는 라틴어로 안녕이라는 뜻입니다. 가브리엘 천사가 "아베 마리아!" 안녕 마리아라고 마리아에게 인사를 건네면서 "은총을 가득히 받은 이여, 기뻐하여라 주님께서 너와 함께 계신다(루카 1,28)"라는 말을 하였고, 그것이 오늘날 우리가 기도하는 '성모송'의 토대가 되어 수많은 작곡가들에 의해 '아베 마리아' 라는 노래로 탄생하였습니다.

🍀 에펠탑의 효과 : 처음엔 싫거나 무관심했다가 자주 보면 호감도(好感度)가 증가하는 현상을 말합니다.

# December | 27
## 목심 木心

♥**목요일**, 목심(木心)이란 나뭇고갱이를 말합니다.

★ 만종(晚鐘)은 밀레가 1857년에 그린 것으로, 부부농부가 교회 종소리를 들으며 기도하는 모습이 너무나 평화롭게 보입니다. 사람들은 바구니에 감자씨와 농기구가 담긴 것으로 알고 있지만 사실은 굶어 죽은 그들의 사랑하는 아기 시신이 들어 있었습니다.
아기를 위해 마지막으로 부부가 기도하는 모습입니다.
왜 그림 속의 아기가 사라졌을까요?
이 그림을 보게 된 밀레의 친구가 큰 충격을 받아 아기시신을 그림에서 빼자고 부탁하자, 밀레는 고심 끝에 아기시신 대신 감자바구니를 그려 출품했던 것입니다.
루브르 미술관에서 자외선 투시작업을 하자 초벌 그림에는 분명 어린 아이의 관이 있었습니다.

♣ 돈이 말을 할 때 진리(眞理)는 침묵(沈默)을 지킵니다.

## 12 December | 28
# 금적금왕 擒敵擒王

❤️ 금요일, 금적금왕(擒敵擒王)이란 적을 잡으려면 우두머리부터 잡아야 한다는 뜻입니다.

⭐ 죽은 자가 살아서 산자보다 훨씬 강력한 영향력(影響力)을 발휘(發揮)하는 것이 바로 지폐 속 인물입니다.

🍀 지조(志操)란 선비가(士)가 마음(心)을 다잡는 것입니다.

# 12 December | 29
# 토아 兎兒

❤️ **토요일**, 토아(兎兒)란 토끼 모양으로 만든 노리개를 말합니다.

⭐ 영국인(英國人)이 처음 호주에 도착하였을 때, 배에 주머니가 달린 동물(動物)을 보고 신기하여 통역하는 사람에게, 저 동물 이름이 무엇인지 물었습니다. 그러자 통역(通譯)은 원주민에게 물었고, 원주민은 '캥거루'라고 답하자 영국인은 노트에 '캥거루'라고 적었습니다. 원주민들 언어로 캥거루는 '모른다'라는 뜻입니다. 결국 모른다가 오늘의 캥거루가 된 것입니다.

🍀 호랑이 아비에게 개 아들은 태어나지 않습니다.

# 일별종후기감망 一別從後豈堪忘

● **일요일**, 일별종후기감망(一別從後豈堪忘)이란 헤어진 후에도 잊지 못한다는 뜻입니다.

⭐ 아무리 읽어도 싫지 않는 것은 사랑하는 사람의 마음이 깃든 편지랍니다.

🍀 결혼(結婚)을 하는 사람은 회개(悔改)의 길을 닦으러 가는 사람입니다.

## 참고문헌

- 강춘, 「프러포즈 메모리」, 천케이
- 고도원, 「사랑합니다. 감사합니다」, 홍익출판사
- 구리료헤이·다케모도 고노스, 「우동 한 그릇」, 청조사
- 구지선, 「지는 것도 인생이다」, 성안당
- 김경훈, 「뜻밖의 한국사」, 오늘의 책
- 김부림, 「동양 고전의 힘」, 부광
- 김옥림, 「마음에 세기는 명품명언」, 미래북
- 김용한, 「짧은 글 큰 지혜」, 씽크뱅크
- 김욱, 「유대인 기적의 성공비밀」, 지훈
- 김진배, 「유머가 인생을 바꾼다」, 더블북 코리아
- 김진수, 「사색 꽁다리」, 시한울
- 나카시마 다카시, 「리더의 그릇」, 다산
- 나카야마 시게루, 이필렬·조홍섭 옮김, 「과학과 사회의 현대사」, 풀빛
- 노경원, 「늦지 않았어 지금 시작해」, (주)시드페이퍼
- 노학자, 「의심스러우면 쓰지말고 썼으면 의심하지 말자」, 파노라마
- 다이애나 홍, 「책 속의 향기가 운명을 바꾼다」, 모아북스
- 데이비드 사우스웰, 이종인 옮김, 「음모론」, 이마고
- 렁청진, 장연 옮김, 「지전」, 김영사
- 로자먼드필처, 「비에 젖은 꽃들」, 고려원
- 류정담, 「적을 내편으로 만드는 대화법」, 창작시대
- 리 볼먼, 테런스 딜, 「내 길에서 걷고 있는 영혼을 만나다」, (주) IGM세계경영연구원
- 리즈쥔, 유진아 옮김, 「혼자병법」, 비즈니스 맵
- 린다피콘, 「365 매일 읽는 긍정의 한줄」, 책이 있는 풍경
- 마이클 조, 김영숙 옮김, 「금을 부르는 공감화술」, 도서출판 나무물고기
- 모니카 봄두첸, 김현우 옮김, 「세계명화 비밀」, 생각의 나무
- 박은서, 「마음에 새겨두면 좋은 글」, 새론북스
- 박재희, 「3분 고전」, 도서출판 작은 씨앗
- 변양균, 「경제철학의 전환」, 바다출판사
- 블라디미르, 「한 걸음 앞으로 두 걸음 뒤로」, 서울대학교 자료선 출판부
- 사오유에, 「생각의 함정」, 씽크뱅크

- 송호근, 「이분법 사회를 넘어서」, (주)다산북스
- 쇼펜하우스어, 「지혜의 명언」, 꿈과 희망
- 스테판M. 폴란, 마크레빈, 노혜숙 옮김, 「다 쓰고 죽어라」, 해냄출판사
- 스티븐 호킹, 현정순 옮김, 「시간의 역사」, 삼성출판사
- 스팬서 존슨, 형선호 옮김, 「선물」, (주) 알에이치 코리아
- 신영복, 「감옥으로 부터의 사색」, 돌베개
- 신장렬, 「일어나라」, 도서출판 그루
- 신호웅, 「난세 인간 경영」, 경혜
- 심상훈, 「공자와 잡스를 잇다」, 멘토
- 아이작 싱어, 「인간쓰레기」, 고려원
- 아잔 브라흐마, 류시화 옮김, 「술 취한 코끼리 길들이기」, 연금술사
- 알루보물레 스마나사라, 신선희 옮김, 「나를 다스리는 마음 처방전」, 동해출판
- 엘버트 허버드, 「가르시아 장군에게 보내는 편지」, 새로운 제한
- 열여, 「날마다 새롭게」, 예담
- 오세키 소엔, 「신경 쓰지 않는다」, 큰나무
- 오연천, 「결정의 미학」, 21세기북스
- 유시민, 「청춘독서」, 웅진 지식하우스
- 유재근, 「눈썹에 종을 매단 그대는 누구인가」, 나들목
- 이기주, 「말의 품격」, 황소북스
- 이기주, 「언어의 온도」, 말글터
- 이기주, 「적도 내편으로 만드는 법」, 황소북스
- 이덕일, 「조선왕 독살사건」, 다산초당
- 이득형, 「유머와 화술」, 안다미로
- 이리유카바 최, 「그림자 정부」, 해냄출판사
- 이명수, 「한국 오백년 야사」, 지성문화사
- 이수광, 「부의 얼굴신용」, 스타리치 북스
- 이외수, 「그리움도 화석이 된다」, 동문선
- 이외수, 「꿈꾸는 식물」, 고려원
- 이외수, 「나는 결코 세상에 순종할 수 없다」, 해냄출판사
- 이외수, 「내가 너를 향해 흔들리는 순간」, 해냄출판사
- 이외수, 「바보 바보」, 해냄출판사
- 이외수, 「버림받은 것들을 위하여」, 금문서관
- 이외수, 「벽오금학도」, 해냄출판사

- 이외수, 「사부님 싸부님 1,2」, 해냄출판사
- 이외수, 「아불류 시불류」, 해냄출판사
- 이외수, 「여자도 여자를 모른다」, 해냄출판사
- 이외수, 「장외 인간」, 해냄 출판사
- 이외수, 「절대 강자」, 해냄출판사
- 이외수, 「청춘불패」, 해냄출판사
- 이외수, 「하악하악」, 해냄출판사
- 이우각, 「조선역사의 비밀」, 한국학 자료원
- 이우영 편역, 「고사성어 대백과」, 손빛
- 이재규 편, 「무엇이 당신을 만드는가」, 위즈덤 하우스
- 이재명·정문훈 저, 「단어따라 어원따라 세계문화 산책」, 미래의 창
- 이한우, 「왕의 하루」, 김영사
- 임원화, 「하루 10분 독서의 힘」, 미다스 북스
- 임헌영, 「명작 속의 여성」, 공동체
- 제임스C. 흄즈 저, 이채진 옮김, 「링컨처럼 서서 처칠처럼 말하라」, 시아출판사
- 조항범, 「우리말 어원 이야기」, 예담
- 지그지글라, 「정상에서 만납시다」, 학일출판사
- 진중권, 「생각의 지도」, 천년의 상상
- 짐 스토벌, 정지운 옮김, 「최고의 유산 상속받기」, 예지
- 채사장, 「지적 대화를 위한 넓고 얕은 지식」, 한빛비즈
- 최영순 엮음, 「카네기 명언집」, 카네기연구소
- 최종길, 「사랑한다 더 많이 사랑한다」, 밝은 세상
- 케빈케롤·밥 엘리엇, 「요점만 한 말씀」, 경성라인
- 톰 슐만, 「죽은 시인의 사회」, 도서출판 모아
- 한기욱, 「병법 삼십육계」, 고려원
- 혜민스님, 「멈추면 비로소 보이는 것들」, 쌤앤 파커스
- 황원갑, 「한국사를 바꾼 여인들」, 책이 있는 마을
- D,카네기 부부, 「화술로 성공하라」, 율곡문화사
- H,J,슈퇴릭히, 「세계 철학자 상,하」, 분도 출판사

# 365일, 쪽팔리게 살지 말자

**초판 발행 |** 2021년 1월 2일

**지 은 이 |** 박해양
**발 행 인 |** 김길현
**발 행 처 |** (주)골든벨
**등    록 |** 제 1987-000018 호    ⓒ 2021 Golden Bell
**I S B N |** 979-11-5806-460-0
**가    격 |** 16,000원

**이 책을 만든 사람들**

| | | | |
|---|---|---|---|
| 책 임 교 정 | 김만복 | 교        정 | 황명숙 |
| 편        집 | 이상호 | 디 자 인 | 조경미, 손경림, 김선아 |
| 표 지 디 자 인 | 조경미 | 제 작 진 행 | 최병석 |
| 웹매니지먼트 | 안재명, 김경희 | 오프마케팅 | 우병춘, 이대권, 이강연 |
| 공 급 관 리 | 오민석, 정복순, 김봉식 | 회 계 관 리 | 이승희, 김경아 |

㈜04316 서울특별시 용산구 원효로 245(원효로1가) 골든벨 빌딩 5~6F
• TEL : 도서 주문 및 발송 02-713-4135 / 회계 경리 02-713-4137
          내용 관련 문의 02-713-7452 / 해외 오퍼 및 광고 02-713-7453
• FAX : 02-718-5510    • http : // www.gbbook.co.kr    • E-mail : 7134135@naver.com

이 책에서 내용의 일부 또는 도해를 다음과 같은 행위자들이 사전 승인없이 인용할 경우에는
저작권법 제93조 「손해배상청구권」에 적용 받습니다.
① 단순히 공부할 목적으로 부분 또는 전체를 복제하여 사용하는 학생 또는 복사업자
② 공공기관 및 사설교육기관(학원, 인정직업학교), 단체 등에서 영리를 목적으로 복제·배포하는 대표,
   또는 당해 교육자
③ 디스크 복사 및 기타 정보 재생 시스템을 이용하여 사용하는 자

※ 파본은 구입하신 서점에서 교환해 드립니다.